伝える技術はこうみがけ！

読売KODOMO新聞・
読売中高生新聞の
現場から

新庄秀規・藤山純久 著

中央公論新社

はじめに

「分かりやすい」「面白い」「役に立つ」――。子ども向けの新聞の宣伝でよくある〝売り文句〟です。

読売新聞が小学生向けの週刊新聞「読売KODOMO新聞」を創刊して今年3月で10年になりますが、この間、若者向け媒体を担当してきた記者として、どうしても言っておきたいことがあります。

「分かりやすい記事」
「面白い記事」
「役に立つ記事」

それがどんな記事であるか分かれば苦労はしない‼

2011年3月に誕生した「読売KODOMO新聞」と14年11月に創刊した「読売中高

生新聞」。読売新聞が発行するこの二つの若者向け新聞は、社会部の現役記者約20人で編集作業にあたっています。

社会部と言えば、事件や事故、自然災害など世の中の最先端で起きているニュースを追う、新聞社でも〝花形部署〟の一つです。そんな経験豊富な一線級の記者たちでも毎週、子ども向けに分かりやすい記事を書くためにうんうんうなっています。

なぜか？「分かりやすい」記事の書き方に正解はないからです。

ＫＯＤＯＭＯ新聞に配属されたほとんどの記者は最初、大人向けの新聞に書いてある記事をできるだけ簡単な言葉に直してデスク（編集長）に原稿を出してきます。

ひらがなも多いし、難しい言葉もないし、「です・ます」調だし、言っていることは筋道が通っていて、一見すると分かりやすい。だけど、こうした原稿はほぼ１００％、デスクから突き返されます。

「これじゃあ、子どもには分からない」、と……。

このシーン、実は、記者とデスクの間には「分かりやすい記事」の解釈に大きな違いがあるのです。

記者は「分かりやすい記事」＝「読んだ人が理解できる記事」ととらえている一方、デスクの言う「分かりやすい記事」とは「読者が『読もうと』思って読んだ時に『分かっ

はじめに

た』と思える記事」のことなのです。ちょっとした表現の違いと思うかもしれませんが、これが大きな差なのです。

編集室が考える「分かりやすさ」の秘密については、第1章以降、詳しくお話していきますが、少しだけ中身をお話すると、私たちは、「記事＝情報を伝えるもの」ではなく、「記事＝読み手とのコミュニケーション」ととらえています。

みなさんは相手や内容によって、伝え方を変えています。初対面の人と10年来の友達だと話し方が全然違うし、会社でのプレゼンでも、同じ部署内の会議と、畑違いの役員もいる会議とでは、全く違う説明の仕方をするはずです。

それと同じで、ニュースでも伝え方は相手によって千差万別です。ＫＯＤＯＭＯ新聞や中高生新聞の記者にとって、相手は社会について学び始めた読者ばかり。記者は自分の担当する記事について、「どういう伝え方がいいだろう」と自分の人間力をフル稼働させて、最適な伝え方を選ぶことになるのです。うんうんうなりたくなる気持ちも分かりませんか？

本書は「読売ＫＯＤＯＭＯ新聞」創刊10年を機に、若者向け媒体を担当した記者が、「分かりやすい記事」「面白い記事」「役に立つ記事」について、「ああでもない」「こうでもない」と考えてきたことをまとめたものです。

すでに申し上げた通り、そのそれぞれに正解はありません。この本で述べることは、あくまで「子ども向け媒体には、こんな書き方、編集の仕方がいいのではないか」という一つの方法論にすぎません。

ただ、両紙は若者の活字離れが叫ばれる中、この10年間で計約30万部の新規市場開拓に成功しました。なぜ、これほどまでの支持を得ることができたのか？　本書では許す限り、ＫＯＤＯＭＯ新聞流、中高生新聞流の「伝える技術」をお話しします。その内容は、新聞を活用した学校の授業や、お子様の家庭学習はもちろん、就職活動や会社でのプレゼンなどにも幅広く活用していただけるはずだと考えています。

ちなみに、この「はじめに」は少し真面目に書いてしまいましたが、目次の部分では私たち流の〝仕掛け〟をちょっとだけ施してみました。少しでもＫＯＤＯＭＯ新聞や中高生新聞の編集に興味を持たれた方はまずそちらをご覧下さい。

藤山　純久

目次

※本書を読んで、目次の空欄に入る言葉を入れて下さい。解答は目次の最終ページに

第2章　受け手の心を動かすテクニック　43

第3章　裏編集方針　105

第4章　紙とネット論　139

第5章　新聞活用法

解答：ア　ジブンゴト、イ　ニュース、ウ　３０、エ　小さ、オ　クイズ、カ　共感、キ　生活、ク　イソップ、ケ　情報、コ　初心者、サ　ソース

伝える技術はこうみがけ！

――読売KODOMO新聞・読売中高生新聞の現場から

第1章
分かりやすさ
とは？

「分かりやすさ」の正体

私たちは新聞の「分かりやすさ」の正体を2段階に分けています。一つは「読みたい気持ちを呼び起こせるか」、もう一つは「書いてある内容を理解できるか」です。

「読みたい気持ちを呼び起こせるか」の話は、「教科書」と比べると明確になると思います。一度、教科書を手に取ってもらうといいのですが、教科書の文章は簡潔かつ正確です。さすが一流の学者や教育者が執筆したものです。例えば、日本史の教科書を1冊読み込めば、日本の歴史の概略はきちんと押さえられるように作られています。

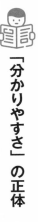

でも、ほとんどの方は子どもの頃、教科書をしっかり読んだことはなかったと思います。私たちもそうでした。テストが迫っても、教科書より、さまざまなうんちくが満載の参考書を開いていた記憶があります。教科書がよく書けているなんて、大人になってから「子どもは日々、どんな勉強をしているのだろう」と、何の気なしに開いた教科書を見て初めて気づくといったケースが多いのではないでしょうか。

もちろん、「いや、私は教科書を読んでいたよ。興味もあったし、楽しく読んだなあ」という人もいるでしょう。実はそこがミソです。教科書を読んでいた人は、すでに教科書の良さを知っていたか、自分の興味にあった教科書があったということです。

新聞はその日その日のニュースを伝えるものです。「このニュースに興味がある」と思ってページをめくっても、あいにくそのニュースが載っていないことはよくあること。週刊新聞であっても、この原則は同じです。でも、もともと興味・関心があった話題が載っていないという理由で新聞の購読自体をやめてしまう人はいません（もっとも、毎日、毎週、期待する記事がまったく何も載っていなければやめるでしょうけれど）。その日に初めて目にするニュースを興味深く読んでもらうのが新聞なのですから。

つまり、新聞はまず紙面に興味を持ってもらわないことには始まらないということです。「新聞は歴史の教科書だ」という言い方もありますが、本質的に教科書と立ち位置を異にしているということなのです。

新聞には「読みたい気持ちにさせる要素」が必要。では具体的には何を指すのかというと、考えつくのは見出しやレイアウト、写真、図表といったビジュアルでしょうか。まずは見た目で読者の心をつかむという方法です。

ただ、ＫＯＤＯＭＯ新聞や中高生新聞では、それだけでは足りないのではないかというのが編集現場の感想です。

KODOMO新聞は2011年の創刊当初、「従来の新聞にはない、写真やイラストをふんだんに使った紙面」を宣伝文句にしました。確かにこれまでの新聞にはない斬新な作りで、当時の編集室のメンバーはこの紙面作りに自信を持っていました。

ただ、何年かすると、行き詰まりが見え始めます。創刊時と同じような紙面なのに、読者の反響が少なくなり、部数が減ってきたのです。いくつもの新企画を紙面に投入してみたものの、なかなか状況は改善されませんでした。

試行錯誤の中で、一つ仮説を立ててみました。「読者に興味を持たせることについて、写真やイラストに頼り過ぎているのではないか」と。

そこで、対策として考えたのが記事本体の書き方の見直しです。編集室のメンバーは30代、40代の記者で占められています。子どもを持っている記者もたくさんいます。子どもの気持ちはよく分かっているのですが、気になったのは、どことなく親目線、先生目線を感じる記事が多くなっていたことです。もちろん、子どもにはきちんと社会のことを分かってほしいという気持ちは大切ですし、それがなければこうした新聞の存在意義もないでしょう。でも、実際に記事を読む子どもはどう思うのか。教科書が嫌いな子どもたちが興味を持つような紙面に見えるのか。そんなことを考え、もう一度、「子どもが読みたいと思う記事の書き方」を模索することにしたのです。

先に結論を言っておきますが、この書き方について答えが出たわけではありません。ただ、例えばそれまでは紙面で「さとる君」「りさちゃん」などとしていた呼称をすべて「さん」にしてみたり、ニュースの導入で身近な学校の話から書くようにしてみたり……。細かいことですが、「大人目線」になっていた書き方を変えるところから始めたところ、部数は徐々に戻ってきたのです。

子どもが「読みたい」と思うことの大きな要素は、彼らと同じ目線に立つこと。彼らの家庭や学校での生活と社会が地続きであることをしっかり表現することが大切なのだと思います。

さて、次は「書いてあることを理解できるか」です。

通常は、この部分が「分かりやすさ」という文脈で語られることが多いと思います。

私たちは、書いてあることを理解するということは、単に言葉の意味が分かるということではないという前提で記事を作っています。

例えば、経済のニュースで日経平均株価がこれだけ上がったという話があったとします。

○月×日、日経平均株価が2万8000円まで上がった。背景には今後の日本の景気への期待感がある。

これを、

○月×日、日経平均株価（日本の大企業の株の値段の平均）が2万8000円にまで上がりました。社会が「日本の景気は今後、良くなる」と考えたことが理由です。

という風に直したとします。確かに日経平均株価の説明も入り、少し分かりやすくなったような気がします。でも、ふだん経済ニュースに接していない読者がこの記事のことを本当に理解するには、まだ足りない要素があるのではないか。特に、株価と景気の関係についてはすごく気になるところです。

そこで、さらに記事を補います。

○月×日、日経平均株価（日本の大企業の株の値段の平均）が2万8000円にまで上がりました。企業は株というものを売って運営資金を得ています。利益をたくさん出す企業の株を持っていると、利益の一部を受け取れるといったさまざまな特典がつくため、みんなが株を買いたがります。そうすると、みんながほしい株の値段は上がります。つまり、日経平均株価が上がるということは、日本の多くの企業の株をたくさんの人がほしいという状態のことです。日本の多くの企業が今後、いっぱい利益を出すのではないかと期待されているのです。言い方を変えると、たくさんの人が「日本の経済は今後良くなるはずだ」と考えているということなのです。

だいぶん長くなりましたが、これで株価の話と景気の話がようやくつながりました。字面を読んで日本語の意味が分かるということに終わらせず、ニュースの持つ意味を理解するというところまで深掘りしたいというのが、私たちの思いなのです。

記事を読んで深い理解をするためには、細かな数字や表現ではなく、どうしてそういう現象が起きるのか、なにがその記事の土台になっているのかを知る必要があります。

もちろん、すべてのニュースについてこのような説明をしていると、紙幅がいくらあっても足りません。そこで、大事となってくるのが、ニュースのうち、どの情報を残し、どの情報を落とすかという取捨選択になります。この案配はかなり難しく、編集室の記者は毎度苦しんでいます。

最後にこうした記事を楽しく読んでもらえるよう、〝料理〟していきます。一つヒントになるお話をしましょう。

ＫＯＤＯＭＯ新聞で以前、「クイズの作り方」を紹介したことがあります。その際、テレビ局でクイズバラエティー番組の制作に携わる放送作家さんは、「いいクイズ（もしくはパズル）の３か条」を挙げてくれました。果たして、どんなものなのか？　みなさんは分かりますか？　答えを見る前に少し考えてみてください。

放送作家さんが挙げた「いいクイズの３か条」。答えは、

①　見た瞬間、解いてみたいと思える
②　間違いが生まれる
③　答えを聞いた人が、思わず「なるほど！」と、うなる

です。この話を聞いたとき、自身の体験もあわせて「なるほど！」と思いました。

特に感銘を受けたのは、①の部分。みなさんは好きなクイズ番組を見るとき、どんな楽しみ方をしているでしょうか？　知らず知らずのうちに、家族、もしくは画面の中の解答者と一緒に考えたり、誰が一番早く解答できるか競争していたりしますよね。一緒にテレビを見ている家族より先に答えられたら嬉しいし、おバカキャラで売っているお笑い芸人が自分より先に正解するとちょっとイラッときたりする（笑）。

そしてこのような心の動きが生まれた瞬間、みなさんはチャンネルを変えることはなくなるはずです。クイズ番組は実は、視聴者の「能動的な心の動き」をベースに成立しているのです。
②と③も視聴者の心の動きです。問題を解く過程で、苦労して、もやもやする（＝②）。答えを聞いたとき、「そうか！」と納得したり感動したりする（＝③）。そして、視聴者は、その感覚が味わいたくて、また問題が解きたくなる（＝①）、というサイクルです。
ＫＯＤＯＭＯ新聞や中高生新聞の記事も同じです。読者が「分かった！」と目を輝かせてくれるかどうかの分かれ目は、「読者の心の動き」にあると考えています。

ジブンゴト化――「分かりたい」を引き出す基本テク

ニュースの中には、政治や経済、国際情勢など、正直、子どもたちからすれば、身近でない話題も少なくありません。こうした話題をどういうアプローチで料理するかが、編集者としての腕の見せ所です。

自分にとって身近でない話題は、興味・関心のレベルで言えば、ほぼゼロ状態です。そこで、これをどれだけ上げることができるかを考えます。言い換えれば、読者に「ちょっと知りたいかも」と思ってもらうための仕掛けを作ります。

細かいテクニックは次章以降に譲るとして、その代表選手が、ニュースを「ジブンゴト化してもらう」ということです。

これにはいろいろな方法論があります。例えば、「そのニュースが実は自分たちの生活に直結している」と示す方法です。円高、外国人労働者の受け入れなど、経済に関する話題はこのアプローチにはまる場合が多いです。

ただし、生活との関わりを説明するにしても、原稿中に以下のような説明を加えても、ほとんど効果はありません。

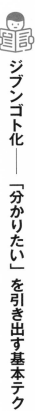

円高になると、海外からの輸入品の値段が下がります。このように、円高や円安はみなさんの生活に深く関わりがあります。

なぜ、効果がないのか？　確かに輸入品の値段が下がるというのは、生活に直結する話ですが、子ども目線で考えたらどうでしょう。輸入品として、具体的にどんな品目が彼らの頭の中に浮かぶでしょうか。パスタでしょうか。果物でしょうか。それともおもちゃでしょうか。

残酷な話ですが、記事の書き手がどんなに情熱を注いでも、その記事を読むかどうか、読み手は一瞬で判断します。パッと見、「面白そう」と思わなければ、読み飛ばされるのが記事の宿命です。ジブンゴト化してもらうための勝負は、書き出しの一瞬で決まります。

ＫＯＤＯＭＯ新聞で円高を解説する記事を書くのであれば、こんな感じでしょうか。

みんなもよく食べるパスタが最近、値下がりしています。原因は、日本の通貨「円」の価値が上がる「円高」という現象なのだそうですが、さて、イタリア生まれのおいしい食材に何が起きたのか？

完全なるパスタ頼み（笑）。しかし、具体的に名前を挙げることで、「円高」という話がぐっと身近になりませんか？　パスタが好きな子なら、尚更です。子どもの好きなモノを挙げる以外であれば、親と一緒に行くスーパーでよく見かける「円高還元」という言葉などから入ってもいいかもしれません。

ただ、中高生新聞であれば、この書き出しは少し子どもっぽすぎますよね。「ジブンゴト化」の別パターンとして、こんな書き方があるかもしれません。

最近、テレビや新聞のニュースでやたらと話題に上る円高。「輸入は有利で、輸出は不利」ぐらいは、学校で習ったかもしれないが、そもそもなぜ、通貨の価値って上がったり下がったりするのだろう。今週は、円高・円安のナゾに迫ってみよう。

ここにはいくつかの仕掛けを入れています。

まず一つは、「テレビや新聞で何かと話題に」という部分。受け手の何げない〝記憶〟に働きかける手法です。世間で話題になっていることって、別に積極的にニュースをチェックしていなくても、気づかないうちに目にしたり、耳にしたりしているもの。最初の一文で、中高生のそうした記憶を呼び起こすのが狙いです。「確かに、言われてみれば」と感じてくれたら、しめたもの。「これから解説されることは、いま世間的に注目されているものなんだ」と前のめりな気持ちになってくれるはずです。

二つ目は「学校」という言葉。これも「ジブンゴト化」してもらうためによく使うキーワードです。中高生にとって、学校の勉強は何よりも重要なこと。「確かに、授業でも習ったよな」と思ってくれれば、「いつか定期テストや受験でも役立つかもしれない」という気持ちを呼び起こすことができます。要は、学校で習っていることと、実社会を結びつけるわけですね。

三つ目は「そもそも」と「ナゾ」。池上彰さんのニュース解説やＮＨＫの人気番組「チコちゃんに叱られる！」、そして「分かりやすさ」を取り上げたこの章もそうですが、「そもそも」論は人を引きつけます。普段、当たり前だと思ってスルーしていたことに、実は意外な秘密が隠されていたり、自分では理解しているつもりだったものが、うまく説明できなかったり……。「そもそも」論には、発見や驚きがあるからなのかもしれません。

こうした問題提起で欠かせないのが、書き手である記者本人の「体験」です。子ども時代に自分が持っていた素朴な疑問でも、取材をする中で「へぇ、そうだったんだ」と気づかされたことでも何でも構いません。ニュースに触れて心動かされた自分の体験をもとに、

「自分が読者なら、何を疑問に思うのか／何を知りたいと思うのか」に思いをはせ、テーマの中に落とし込んでいきます。

新聞記事は本来、無駄をとことん省いた筋肉質な文章が多いのですが、ＫＯＤＯＭＯ新聞も中高生新聞も、ニュースを読んでもらうための工夫については例外。情報量は犠牲にしてでも、様々な場所に仕掛けを施すようにしています。

目線が変われば、ニュースの見え方は当然変わる

「子どもたちの心の動き」を生みだすために、絶対に欠かしてはならないのが、「子ども目線」です。ＫＯＤＯＭＯ新聞と中高生新聞の特徴は、この「子ども目線」にとことんこだわっているところにあります。子どもたちと一緒に学んでいく、一緒に考えていくという立場といってもいいかもしれません。

池上彰さんのニュース解説が大ブレイクして以降、日本では、様々なメディアや企業が、子ども向けに情報を発信するようになりました。でも、その多くは、「子どもでも理解できる言葉」や「子どものためになる情報」ばかりに意識がいっていて、肝心な「子ども目

線」が欠如しているように思います。言い換えれば、「大人目線」＝「上から目線」の情報が多い。

そもそも「受験に役立つ」という宣伝文句に代表される「子どものためになる情報」は、「大人（親）目線」そのものです。もちろん、お金を払って子ども向け新聞を購読してくれるのは、親ですから、大人を完全に無視するわけにはいかないですが、「子どものためになる情報」＝「子どもが自発的に読む」というわけではないことをまず、認識すべきだと思います。

「子どもにも理解できる言葉」というのも、実は大人目線であることがあります。例えば、赤ちゃんに対し、赤ちゃん言葉で話す。確かに赤ちゃんに理解してほしいと思って投げかけている言葉ですが、果たして、赤ちゃんはどう思うのか。少なくとも小学生になれば、「子ども扱いしないでほしい」と考える子どもも出てきそうです。

内容もしかり。単に、「自分たちが子どもに知ってほしいこと」を簡単な言葉で書いているだけでいいのでしょうか。子どもたちの心を動かすためには、理解できる言葉を考える前の段階で、どうやって子どもたちに興味を持ってもらえるかというアプローチを考えることが欠かせません。

「良薬口に苦し」とは言うものの、少なくとも、子ども向け新聞の編集者として、学校や塾での勉強に加え、子どもたちが義務的に「読まされている新聞」を作りたいとは思いませんし、そういう新聞はいずれ、子どもたちが読まなくなるのではないかと考えています。

「子ども目線」を意識すれば、同じニュースでも伝え方がずいぶん、変わってきます。

例えば、「大学入試改革」や「教育改革」の記事。大人向けの新聞では、これからのグローバル社会を生き抜くために、どのような人材を育成しなければいけないのか、という視点で論ぜられることが多いと思います。「思考力」「判断力」「表現力」とか「正解のない問題に取り組める力」なんて言葉はその象徴です。

では、いずれこの試験を受けることになる中高生にとって、最も知りたいことは何か？もうお分かりになりますよね。新しい試験、新しい授業に対する「対策」です。具体的に試験や授業はどう変わって、どんな問題が出て、どんな勉強をしなければならないのか。中高生新聞であれば、それをしっかり伝えていくことが重要です。

外国人労働者の受け入れ問題も子ども目線で言えば、伝え方が変わってくるかもしれません。大人の新聞では、少子高齢化が進展する中で社会の活力をいかに維持するか、とか、外国人労働者とどのように共生するか、治安悪化への懸念をどう取り除くか、などが論点になります。

でも、ＫＯＤＯＭＯ新聞や中高生新聞の読者にとっては、外国人労働者は自分にとってライバルにもなるし、同僚にもなるかもしれない存在。数ある大人向け新聞の論点の中でも、働く現場の変化であるとか、外国人労働者の受け入れが進む社会の中で身につけておくべき素養などについて、詳しく報じるべきでしょう。

昨今の事例で、ＫＯＤＯＭＯ新聞らしさ、中高生新聞らしさが出たのが、新型コロナウイルス感染拡大防止のために小中学校、高校などに臨時休校が要請された直後の２０２０年３月の紙面でしょうか。

大人向けの新聞であれば、安倍晋三首相（当時）が新型コロナウイルスの感染拡大防止のために、全国の小中学校、高校などに一斉休校を要請したという事実や休校による影響を中心に、いま社会で起きている現象を中心に報じることになります。

しかし、子どもたちは休校になって影響を受けた当事者です。「休校が要請された」という事実を伝えてもあまり意味はありません。

こちらは「読売ＫＯＤＯＭＯ新聞」２０２０年３月５日号の１面（**写真１参照**）です。「休校になっちゃった」というシンプルな見出し。でも、これが当時の子どもたちの大半の本音でした。デザイン的にも３月のカレンダーを入れています。急に決まった長すぎる休みを可視化し、これから過ごす日々について想像を巡らせてもらうのが狙いです。

下に続くのはこんな原稿です。

読売KODOMO新聞
よみうりこどもしんぶん
2020年（令和2年）3月5日 毎週木曜日発行
特別協力 小学館
第488号
月550円 1部160円
発行所 読売新聞東京本社 〒100-8055 東京都千代田区大手町1-7-1 ☎03-3242-1111（代） www.yomiuri.co.jp

2020年3月

休校になっちゃった

新型肺炎で

みなさんは今、どうやって毎日を過ごしていますか？

安倍晋三首相は2月27日夜、全国の学校に対して「3月2日から臨時休校してください」とお願いしました。肺炎を引き起こす新型コロナウイルスに子どもたちを感染させないため、国内に3万以上もある小中高校を一斉にお休みさせるという前代未聞のお願いをしたのです。

このため、多くの学校で、長～い春休みが急にスタートすることになりました。

学校は休みになってもお父さんやお母さんは仕事で、長い時間を家で過ごさなければいけない人も多いでしょう。小学校最後の1か月を友だちと過ごせなくなり、ショックを受けている6年生もいるでしょう。

3月に学校で勉強するはずだった内容はどうするの？ 友だちと遊びたいけれど、どこで何をしたらいいのやら……？

今週のKODOMO新聞は、「この3月をどう過ごす？」をテーマにお届けします。

（2・3面につづく）

全国の学校の一斉休校の要請について話す安倍晋三首相（右）

【写真1】2020年3月5日号「読売KODOMO新聞」

みなさんは今、どうやって毎日を過ごしていますか？

安倍晋三首相は2月27日夜、全国の学校に対して「3月2日から臨時休校してください」とお願いしました。肺炎を引き起こす新型コロナウイルスに子どもたちを感染させないため、国内に3万以上もある小中高校を一斉にお休みさせるという前代未聞のお願いをしたのです。

このため、多くの学校で、長～い春休みが急にスタートすることになりました。

学校は休みになってもお父さんやお母さんは仕事で、長い時間を家で過ごさなければいけない人も多いでしょう。小学校最後の1か月を友だちと過ごせなくなり、ショックを受けている

6年生もいるでしょう。
3月に学校で勉強するはずだった内容はどうするの？　友だちと遊びたいけれど、どこで何をしたらいいのやら……？　今週のKODOMO新聞は、「この3月をどう過ごす？」をテーマにお届けします。

KODOMO新聞ではこの日、3ページにわたる記事の半分を、突然できた長い休みとの向き合い方に費やしたほか、19年度で閉校が予定されている学校の子どもたちの声など、3学期の最後の1か月を友達と一緒に過ごすことができなかった子どもたちの様子も紹介しています。

3月6日号の中高生新聞は、あえてガイドブック的な作りにしました。いま、コロナウイルスの国内での感染状況はどんな段階になって、なぜ休校という措置が取られたのか。突然の休校に不安を感じている若者世代に向けて、現在のフェイズを説明し、それをもとに今後、ニュースで報じられる内容をチェックしてもらったり、自分たちの取るべき行動を考えてもらったりするのが狙いです。中高生から募った新型コロナウイルスについての素朴な疑問に答えるQ&Aコーナーも設けました（**写真2参照**）。

人との接触 控えて

ギモンに答えます

ニュースで見ない日はないけれど、みんなはどれだけ新型コロナウイルスのことを知っているだろうか。今回は急きょ、みんなが知りたいことをYteenで募集した。「感染しちゃったらどうなるの？」「いつ収束するの？」といった素朴な疑問に回答するぞ。

Q コロナって何？ 今まで未発見？

A 風邪の病原体 今回は新種

コロナウイルスは、インフルエンザウイルスと同じように、風邪の症状を引き起こす病原体のこと。

インフルエンザウイルスにもさまざまな型があるように、コロナウイルスにも種類がある。人に感染するコロナウイルスは６種類が確認されていた。実は「ただの風邪」で済まされていたケースも、コロナウイルスが原因だった場合が多い。

ただ、今回、多くの人が感染しているのは、これまで知られていなかった新たな種類なのだ。しかも、ウイルスが肺に入り込んで症状が重くなる人もいる。

もともとはコウモリが持っていたウイルスが、別の動物を介して人に感染した可能性が高いとみられている。

ちなみに、ウイルスの表面に突起があり、王冠（ラテン語で「コロナ」）に似ていることから、この名がついた。

Q 治し方教えて

A 1～2週間で 症状は消える

感染症は、ウイルスや細菌が体内に入り込み、体内で増殖することで発症する病気だ。ウイルスや細菌によって引き起こされる症状はさまざまで、新型コロナウイルスのケースでは、発熱やのどの痛みといった風邪の症状が出る。

新型コロナウイルスの増殖を抑える薬はないが、人の体には、入り込んだウイルスを攻撃する「免疫」をつくる仕組みがある。発症しても、1～2週間程度で免疫がウイルスの増殖を抑えるようになり、症状が出なくなる。

８割ほどの人は軽い症状で済むが、これは、新型コロナウイルスが鼻やのどの奥で増殖した場合だ。

新型コロナウイルスが恐ろしいのは、鼻やのどの奥にとどまらず、肺に入り込んで増殖する可能性があることだ。２割ほどの人は、肺で増殖したウイルスによって肺炎が引き起こされ、症状が重くなってしまう。

Q ワクチンは？

A 開発までに 1年はかかる

そもそもワクチンとは何だろうか。人の体には、入ってきた病原体を攻撃する免疫をつくる仕組みがある。症状が出ないように毒性をなくしたり弱くしたりした病原体をあらかじめ体内に入れておけば免疫ができるため、いざ病原体が体内に入ってきても攻撃してやっつけてしまうのだ。ワクチンは、この免疫をつくるために投与される医薬品のことだ。

確認されたばかりの新型コロナウイルスのワクチンはない。浜田篤郎・東京医科大病院渡航者医療センター部長は「ワクチンを投与するには安全性を十分確認しなければならない。開発までに１年近くかかるだろう」と話す。

一方、新型コロナウイルスの増殖を抑える薬もない。やはり新薬の開発には時間がかかるため、エボラ出血熱や新型インフルエンザの薬を患者に投与し、効果を調べる試験が行われている。

Q いつ収束？

A 接触を減らし 拡大防げれば

体内で免疫がつくられると、再び病原体が入り込んでも攻撃力が備わっているので、症状が出ずに済む。

多くの人がいったん感染して免疫ができてしまえば、患者は減っていき、収束に向かうことになる。

ただ、肺炎など重い症状が引き起こされる人もおり、命の危険にもさらされる。そう悠長に構えているわけにはいかない。

そこで有効なのが、感染者がほかの人と接触しないようにすることだ。感染者の体内ではウイルスが増殖しているため、人との接触そのものを制限するのだ。

感染しても、いずれは免疫によってウイルスが抑えられる。ほかの人にうつすことなく一定期間が過ぎてしまえば、感染は広がらずにすむ。

人と人との接触を減らし、感染拡大を防ぐための策が、政府による一斉休校やイベント自粛の要請なのだ。

【写真2】2020年3月6日号「読売中高生新聞」

その翌週には、勉強と部活の両面から、外出も控える長い休みに対するアドバイスも掲載しています。勉強面では、翌年に受験を控える生徒のために、今の時期にしっかり押さえておくべき勉強内容を大手予備校に解説してもらいました。部活面では、駅伝強豪の青山学院大学陸上部で独自トレーニング「青トレ」に取り組み、躍進を支えたトレーナー・中野ジェームズ修一さんに、家庭でも実践できるコンディション維持の方法を聞き、紹介しています。

一つのニュースを報じるのでも、年代や性別、社会で置かれている立場が違えば、見え方が違います。子ども向けに情報を発信するのであれば、その原点には、子ども目線で見ることからスタートさせなければなりません。

特に中高生については、大人の新聞を読めるぐらいの国語力は十分あります。中高生新聞が商品として成立するためには、大人の新聞にはない「中高生だからこそ必要な情報」を凝縮する必要があります。中高生新聞について、「大人の新聞より簡単で、ＫＯＤＯＭＯ新聞より難しい新聞」と誤解する人が少なくありませんが、私たちは「大人の新聞（または、世の中で起きていること）の中から、中高生に必要な情報を集めた新聞」と考えています。もちろん、「分かりやすさ」は大前提ではありますが……。

ＫＯＤＯＭＯ新聞と中高生新聞の追求する「分かりやすさ」の違い

中高生新聞を創刊した時、「中学生と高校生って全然違うし、一緒にするのは無謀では？」という意見をよく聞きました。確かに。まだほとんど小学生と変わらない中学1年と、大人に近い――２０２２年に18歳成人になることを考えると大人と言ってもいいかもしれません――高校３年生は見た目も精神的にも全く違います。

ただ、ニュースを伝えるという意味では、小学生を対象にしたＫＯＤＯＭＯ新聞の方が、学年による差が大きいと思います。抽象思考ができる年代と、できない年代が同居しているからです。

抽象的思考力は実体のないものを理解したり、イメージしたりする力で、一般的に小学校高学年から発達していくと言われています。ニュースを見て、その問題が起きた背景を想像したり、自分の身の回りの例に置き換えて考えたりする。自由や平等、公平、公正といった基本的な価値観をベースに、ニュースに向き合うことができるようになるのも抽象的思考力と言えるでしょう。

逆に言えば、そうした力がまだ育っていない低学年には、ニュースを説明する際に、具体的で身近な例から入っていかなければなりません。算数の授業で、りんごとみかんを使って足し算や引き算の勉強をするのと同じです。

このため、まずKODOMO新聞のニュース面で大切にしているのは、読者のリテラシーを要する原稿にはしない、ということです。行間を読ませるような原稿はできるだけ避け、先ほどあげたパスタのような身近な所から入り、要は「こういうことです」というところまで言い切る。ただし、言い切るということは、例外や特殊な事例は思い切って省略しているわけで、そこは興味があれば、将来、さらに勉強してもらう、と割り切っています。

さらに、KODOMO新聞では「など」という言葉はできるだけ使わないようにしています。これも同じ理由で、抽象的な思考ができる人は過去の自分の経験や知識の中から「など」の中身をなんとなくイメージしたり、「など」に特異事例を包含してしまう〝ごまかし〟を想像できたりしますが、それは小学生（特に低学年）には難しいからです。逆に「など」を使うぐらいなら、多少、文章が長くなっても、中身を全部説明する方が読者サービスにつながるとも考えています。

一方、中高生新聞は基本的に抽象的思考ができる年代が対象ですから、大人の新聞と同じように、行間を読ませる書き方ができます。読者の思考に負荷をかける書き方と言ってもいいでしょう。

編集者としてＫＯＤＯＭＯ新聞から中高生新聞への移行をオススメしているのは、そうした二つの媒体の特徴の違いがあるからです。ＫＯＤＯＭＯ新聞で抽象的思考を行うための引き出しとなる知識の幅を広げ、中高生新聞で行間を読む訓練をしながら、世の中について考える。抽象思考ができるようになっている小学校高学年や中学１、２年生は両方を併読して読み比べてみるのもいいかもしれません。

子ども目線に立つためには？

ＫＯＤＯＭＯ新聞や中高生新聞では、子ども目線を大切にするために、様々な取り組みをしています。

例えば、ＫＯＤＯＭＯ新聞では、新型コロナウイルスの感染が拡大する前は、読者による編集室見学ツアーを頻繁に開いてきました。親子で実際に編集室を見学してもらうとともに、ＫＯＤＯＭＯ新聞への感想や気になった記事などについて、子どもにも親にも話を聞き、編集作業に生かしています。

中高生新聞では各地の中学・高校に協力してもらい、中高生新聞にダメだしをしてもらう「みんなの編集会議」というグループヒアリングを2か月に1回ほどのペースで開いてきました（**写真3参照**）。自分たちの狙いがどれだけ効果を発揮しているのか、今の中高生は何に興味を持ち、何に悩んでいるかを聞き、紙面改革の参考にしています。

みんなの編集会議がベースになってできた「中高生目線」の企画が中高生新聞に一つあります。大学の名物先生の講義の様子を紹介する「講義の鉄人」というコーナーです。

何でも、高校1年や2年になると、将来の進路や志望校を考えるために、大学情報を調べたり、オープンキャンパスに参加したりする課題が課せられるらしいのですが、何人かの生徒から「大学紹介のパンフレットやホームページはうそくさいし、難しい」という声が寄せられたんですね。いいところばかりが紹介されている気がするし、そもそも大学でどんな勉強ができるのか、学部学科のページにいっても、難しい専門用語が並んでいるだけで、具体的に何を勉強できるかイメージできない、と……。

確かに。中高生にとって、「授業（大学では講義）」は最も身近な存在で、最も知りたいことかもしれません。大学時代、授業をサボって遊びほうけてしまった自分たちの「大人目線」では、見落としがちな視点です。

みんなの編集会議
@明治学院東村山高校

現役中高生が理想の10代向け新聞について議論する「みんなの編集会議」が開催されました。今年のトップバッターを務めてくれたのは、東京・東村山市にある明治学院東村山高校の生徒会のメンバー。１月５日の新年号から３月２日号までの中から５号分を読んでもらい、編集室に提言をしてもらいました。

＼批判や注文 遠慮なし！／

難しいニュース解説して

生活にどんな影響が

――中高生新聞を読んだ感想は？
石田　写真や文字が大きくて読みやすかった。でも、もうちょっと情報量が多くてもいいかな。
青木　全面カラーの新聞を読んだのは初めてだったから、とても楽しく読めた。でも、今起きているもっと難しいニュースを取り上げて、わかりやすく解説してほしかった。そのニュースが、自分たちの生活にどんな影響があるのかとかも。
吉田　第一印象は雑誌っぽい。カルチャーとかエンタメとかが充実しているけど、もっとニュースが多くてもいいかな。

――なるほど。じゃあ中高生新聞の中で「良かった」と思ったコーナーは？
青木　私は断然「シゴトビト」。ちょうどこれから大学や学部を選ぶ時期だし、将来就きたい仕事も意識しなきゃいけない。自分が知っている職業って限られてしまうから、今まで自分が知らなかった職業を知ることができたのが、すごく良かった。各号のなかで一番しっかり読んだのがこのコーナー。自分の今の勉強の励みにもなる。
内田　おれはダントツで「部活の感星」。こういうドキュメンタリーっぽいやつとかマジ好き。感情移入できたし、言葉にできないくらい面白かった。
石田　文房具の紹介ページやコーナーも良かった。毎日使うものなので、すごく目が行く。
吉田　「ティーンのぶっちゃけ！英会話」は、中高生にもわかりやすくていいと思った。英語を使うことが当たり前になりそうなこれからの時代、会話表現がたくさん載っていて役立ちそう。

【写真3】2018年5月4日号「読売中高生新聞」

そこで、編集室では、各大学の名物先生に中高生向けに自分が研究する学問について、分かりやすく説明してもらう連載を始めることにしました。加えて、その大学に通う現役大学生に「大学生目線」でキャンパスの魅力を紹介してもらう動画も作成し、配信。読者からは「進路を考える上での参考になる」という意見が寄せられる人気コーナーになっています。

子ども向け記事の編集技術は汎用性に欠ける？

「子ども目線」に関しての余談になりますが、この本を出版するかどうかを決める企画会議で、すごく興味深い意見が出たので少し紹介します。

「この本を読むのは大人なので、子どもの心をとらえる新聞の編集方法に汎用性や実用性が感じられない」というもの。内容を箇条書きにしたメモ程度のものを読んだ段階での意見だったのですが、一瞬、中央公論新社さんに出版をお願いするのをやめようかと思いました（笑）。

確かに、子どもたちにニュースを分かりやすく伝えるためには、大人相手に物事を伝えるようにはいかない。しかし、それは先ほどから何度も述べているように、新聞で報じられているニュースのほとんどが、子どもたちにとって関係のない出来事であり、そうした情報に対して、前のめりになってもらう必要があるから難しさが増すのであって、相手に伝えるという本質は変わりません。

例えば、企業の営業であれば、自分たちの商品に全く興味のないお客さんと、電話で問い合わせをしてきたお客さんへの対応の仕方は自然と違ってきます。恋愛でもそうです。自分には全く興味なさそうな異性と、少し自分に気がありそうな異性に対してでは、アプローチの仕方は異なるでしょう。どちらも前者にはより工夫や努力が求められますが、最終的に相手に自分を理解してもらい、前のめりになってもらうというゴールは同じです。

これまで述べてきた「ジブンゴト化」や「子ども目線」、次章以降も述べていく子ども向け新聞の編集哲学は、実は相手を子どもから別の何かに入れ替えれば、さまざまなことに応用できるはずです。そしてもちろん、子ども向けに分かりやすく物事を伝えることができる人は、大人相手でも当然、分かりやすい説明ができるはずなのです。

「子ども向けに説明する技術」は汎用性がないどころか、子ども向けにどう説明するか、あの手この手を考えることで、書き手や編集者としての引き出しはどんどん増えていくはずです。

なぜ「分かりやすい」子ども向け新聞が求められるのか？

ＫＯＤＯＭＯ新聞を含め、小学生向け新聞を購読するきっかけとして、中学受験があります。新聞を読むことが国語力アップにつながるほか（ただ、それは読書でも鍛えられる力です）、最近の中学受験では、社会で時事問題を出題する学校が増えていることが背景にあります。今、進められている大学入試改革の方向性を考えると、世の中で起きていることについて自分の考えを述べたり、実生活や社会にまつわる資料や統計を分析させたりする学校がさらに増えることが予想され、子ども向け新聞への需要はますます高まるかもしれません。

というわけで、子ども向け新聞ではよく「受験に役立つ」「○○中学に入った生徒の○○％が読んでいた」みたいな宣伝文句が使われることになるのですが、でも、みなさん、なぜ中学校側は時事問題を入試で出題するのか、考えてみたことはありますか？

中高一貫の中堅校は年に複数回、入試を行うため、時事問題を入れた方が社会の問題が作りやすいという現実的な理由もありますが、「読売ＫＯＤＯＭＯ新聞」２０１８年３月１日号の別刷りふろく「読売ＫＯＤＯＭＯ受験新聞」では、時事問題出題の狙いとして、有名私立中学校の先生方のこんな声が紹介されています。

▼社会は「暗記科目」と思われがちです。でも、本当に大事なのは、日本や世界のことを知り、自分は、自分の生きる社会をどう良くしたいかや、どんな役割を担うべきかを考えることにあ

る。(子どもたちには)ベースとなる知識を大事にしつつ、普段から広くアンテナを張り、身の回りのことから社会を考えて過ごしてほしい。

▼普段、世の中のことに関心を向けているかどうかを知りたい。そんな思いで時事問題を出している。単にニュースで言われていることを「知っている」だけではなく、ニュースになった理由やその背景についても「考えているかどうか」を知りたい。

二つの意見に共通するのは、世の中に対して能動的に向き合う姿勢です。決して、今、世の中で起きていることを暗記することを求めているわけではないですよね。

中高生新聞が創刊する前に実施した中学・高校の先生たちへのヒアリング調査でも、同じような意見は多く、「世の中に対して興味を持てる子は、学校の成績も伸びる」と断言する先生もいました。

「子どもたちにとって、ニュースを知ることは必要か?」――。子ども向け新聞の編集者をしている私たちが、こんなことを言ってはなんですが、答えはＮＯです。子どもたちには、高３の一部を除けば、選挙権もなければ、世の中の動きに影響を受ける企業で働いているわけでもない。世の中について知ることを否定するつもりはありませんが、それは一般常識として恥ずかしくない、というレベルのもので、ことわざを覚えるのと何ら違いのないことです。

大切なのは何か？　それは、ニュースを「知ること」ではなく、ニュースから何かを「感じること」であり、「考えること」。具体的に言えば、今、社会で起きている問題から、「平和」について考える。「自由」について思いをはせる。「平等」について、家族や友達と議論する。それこそが、学校側が子どもたちに期待していることなのです。

ただ、自分たちに身近でない話題について、急に議論せよ、とか、考えをのべよ、と言われても、それはなかなか難しい。そういう姿勢を自然に身につけるには、まず「ニュースは面白い」と思ってもらうことがやはり必要です。「知りたい」「分かりたい」（興味）→「なるほど」「分かりやすい」（感動）→「もっと知りたい」（さらなる興味）というサイクルを生みだすことが大切なのです。

ＫＯＤＯＭＯ新聞や中高生新聞が追求する「分かりやすさ」は、子どもたちに能動的に社会を見つめる姿勢を身につけてもらうための、栄養素とでも言えるでしょうか。

「中学受験が終わったから、もう新聞は必要ない」という人もいますが、社会に能動的に関わる姿勢は、中学、高校と進学するにつれて、より強く求められるようになります。最近は、中学受験と同じ理由で、学校の定期テストや小テストで時事問題を出題する中学・

高校も少なくありませんし、さらに6年後には大学進学という大きな進路選択が待っています。中学受験で時事問題が出題される理由を考えると、学校や家庭という狭い世界の外側に能動的に目を向けるトレーニングは、中学受験を終えたとしても、続けていくべきではないでしょうか。

さて、ここまでKODOMO新聞と中高生新聞の編集者として、「分かりやすさ」について思うことを書いてきました。次章以降は、具体的に編集現場でどのような工夫を心がけているのか、述べていきます。

第2章

受け手の心を動かすテクニック

読者の「何」を動かすか？——それが勝負

これまで説明したように、「分かりやすい」という感動は読者との相互作用によって生まれます。実は「面白い」「役に立つ」も同様です。紙面という2次元の表現によって、読者に何らかの「動き」をもたらすことが基本になります。

これまでは読者の「心」を動かすという点にフォーカスをおいて説明してきましたが、動かせるものは様々あります。例えば、読者の「目」を動かす。レイアウト上の工夫で読者の目を引きつけることなどが挙げられます。ほかには、読者の「頭」を動かす。こちらは「考えたい」と思わせる工夫です。そのほかにも、「手」とか「体」という発想もあるかもしれません。

ＫＯＤＯＭＯ新聞や中高生新聞の記事はそれぞれ、企画を練る段階でも、記事を書く段階でも、レイアウトをする段階でも、あらかじめこの記事で読者の「何」を動かすのか、とか、読者はどう動くのか、を想定しながら、作られています。

若者向け媒体の伝え方を解説していくこの章では、様々な実例を紹介していきます。この紙面は読者の「何」を動かしているのか、考えながら読んでいただけると、いざ自分が人に何か伝える時に応用できるはずです。

読者の目はどう動くのか――小学館から受けた衝撃と30行ルール

ＫＯＤＯＭＯ新聞と中高生新聞が、ほかの子ども向け新聞と大きく異なるのは、出版社である小学館が特別協力の形で編集に参加していることです。

小学館は『小学一年生』など、長年、学年誌を編集してきた出版社です。実は今、ＫＯＤＯＭＯ新聞や中高生新聞の編集スタイルについてお話ししているこの内容は、読売新聞だけから生まれたノウハウではなく、小学館からも大きな影響を受けています。

みなさんもご存じの通り、新聞のレイアウトにはルールが存在します。

一つの面で考えれば、見出しが一番大きくて、右上にあるのがトップ記事で一番重要な記事。次に重要なのが左上にある「肩」と呼ばれる記事で、三番手が紙面の真ん中の「へそ」と呼ばれる位置にある記事です。

記事で言えば、全体を総括する「前文《まえぶん》（リード）」があって、本筋を説明する「本記」があり、本記と少し視点を変えた「別稿」がある（**写真1参照**）。社会面トップの記事で

飲食店ため息
緊急事態宣言
時短強化「休業しかない」
4都県が半数
イベント関係者 やきもき

【写真１】２０２１年１月５日付「読売新聞」

あれば、前文が１２０字前後、本記が１０００字前後、別稿が４００字前後でしょうか。

だから、２０１０年にＫＯＤＯＭＯ新聞の試作品を最初に作ったとき、私たちは当然のように、上記のルールに従って記事を書き、レイアウトを行いました。オールカラーだし、分かりやすい言葉を使っているし、当時は「おっ、なかなか斬新な新聞ができたな」と自画自賛したものです。

ところが、パートナーである小学館のみなさんからの意見は、「これでは子どもは読まない」とえらく辛辣でした。

理由を聞くと、「子どもたちは新聞の決められたルールに従って読むわけではない。読みたいところから読むんです」。それでも新聞製作にどっぷりつかっている私たちは「おっしゃることは分かりますが、これは新聞ですから。この紙面を見れば、何が重要でどこから読めばいいか分かると思いますよ」と反論しました。

両者譲らず。そこで、同じ話題で小学館が作った紙面と私たちが作った紙面のどちらがいいか、子どもたちに見せてみることにしました。ガチンコの対決です（笑）。

対決当日。小学館の作った紙面は新聞社があまり使わないような色を使っていて楽しそうではあるのですが、新聞としては、ごちゃごちゃした作りで、重要な要素もばらばらに配置されている。正直なところ、「なんかまとまりがないなあ」という感想さえ持ちました。

だけど、小学生16人に「どちらを読みたいか」を聞いた結果……。

小学館16勝、読売０勝。しかも、全員即答です。

まさに衝撃でした。私たちは、考え方を一から改めざるを得なくなったのです。

紙面に目を通す子どもたちの様子を見ていて、なぜ小学館の紙面が選ばれたのか、理由がよくわかりました。確かに子どもたちは、こちらの意図通り、「前文」から読むことはしてくれません。紙面の端っこにある写真付きのクイズとか、豆知識的なミニコーナーとか、最初に読む所はひとそれぞれ。小学館側の紙面は、それを前提として、それぞれのコーナーに目がいくような工夫を凝らし、どれが最初に読まれても最後まで読み切れるように構成されていたのです。

逆に読売新聞側は……。前文→本記→別稿という順に読んでいくことを想定しているので、いきなり別稿から読んでもワケがわからないわけです。すでに本記で書いてあるから、改めて説明する必要はないだろう、と省略している内容もたくさんあって、その一つ一つが子どもたちの読むストレスになっていました。

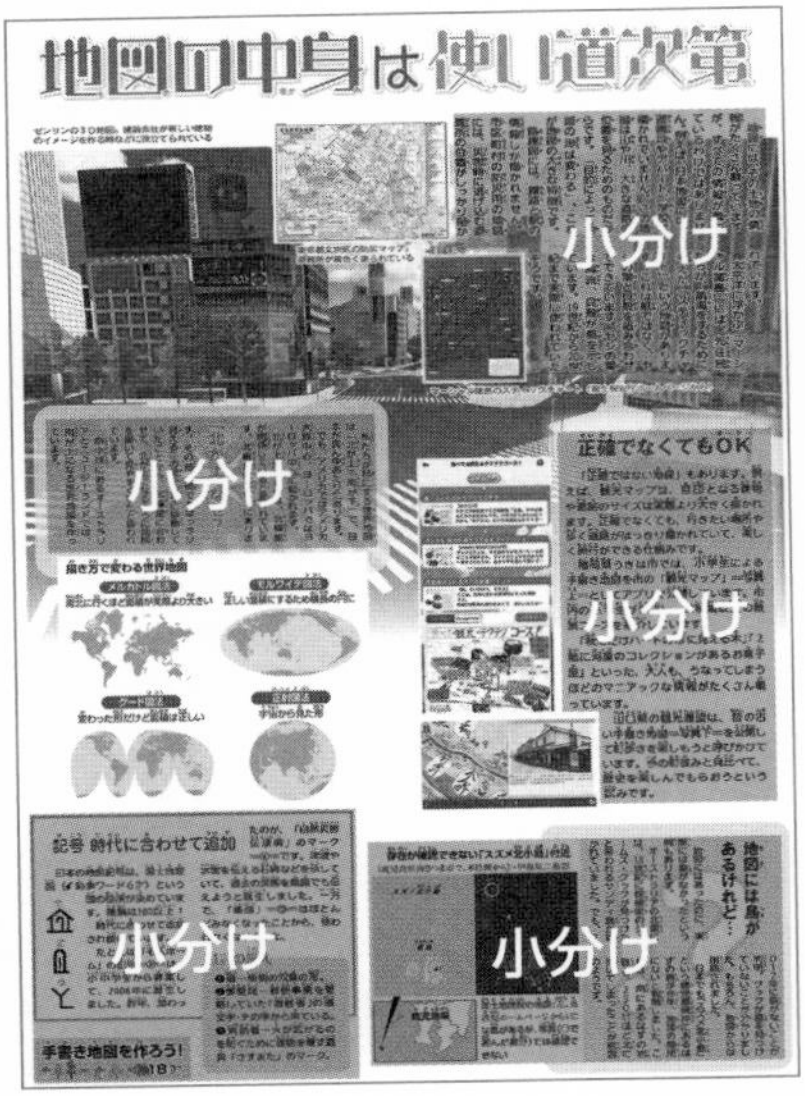

【写真2】2020年7月2日号「読売KODOMO新聞」

そのショッキングな体験から生み出されたのが、「小分け編集」というKODOMO新聞独自の編集方針です（**写真2参照**）。基本的に1本の原稿は400字以内、読売新聞本紙の12字詰めにならえば、30行を目安とし、それぞれどこから読んでも内容を理解できる構成にしています。もちろん新聞の読み方は覚えてもらいたいので、「前文」は設けていますが、前文→本記→別稿という読み方は必要ない構成にしています。これは「30行ルール」とも呼ばれています。

余談ではありますが、この対決でKODOMO新聞の色遣いも決定しました。新聞には通常、原色系の色は使われないのですが、赤や青や黄をふんだんに使った小学館の紙面は子どもたちにとっては楽しく映るのでしょうか。大人っぽい読売版の紙面はそこそこに、小学館の紙面を食い入るようにのぞき込んでいました。読売版のレイアウトを担当した編成部記者の苦笑いは今も目に焼き付いています。

なお、中高生新聞に関しては、さすがに原色系の色遣いは子どもっぽいということもあり、「大人の目にもやさしい」色遣いになっています。

小さな記事ほど読まれる――「3か条」「5つのポイント」「7つのナゾ」

小分け編集を基本とするＫＯＤＯＭＯ新聞と違い、中高生新聞はより本紙に近い紙面構成にしています。中高生になると、ある程度、相手が何を伝えようとしているか、〝空気が読める〟ようになりますから、大きな見出しがついている部分が重要であることや、前文で最初に書かれていることが、記者がこれから言わんとすることの要約になっていることを想像して読んでくれるのです。こちらのルールに気を使ってくれると言ってもいいかもしれません。

ただ、それでもモニター調査などを通じて、どんな読み方をしているかを観察している

北風に負けるな！

風邪予防6か条

① ウイルス遮断！二重マスク

マスクは布マスク単独ではウイルスを遮断できません。紙マスクでも、肌にピッタリフィットさせるような感じで目の下から顎下までを覆う必要があるのですが、大きめの紙マスクは息苦しく感じることもあります。試験中は緊張で呼吸が浅くなりがちなので、なおさらです。

そこでオススメしたいのが、布マスクの上に、紙マスクを着用する「二重マスク」です。布マスクは目が粗いため呼吸が比較的しやすい上、ガーゼが湿ることで保湿効果も高く、のどの乾燥も防いでくれます。

人が多い電車やバスでは二重マスク、試験会場や予備校では布マスクだけ――という使い方もOKです。

② 朝食こそしっかり

体にも心にも大きなストレスがかかる受験勉強は、受験生の免疫力を低下させます。食事でしっかりと栄養をとり、免疫力を高める必要があります。

３食のうち、最も重要なのは朝ご飯です。食事のバランスは朝５：昼３：夜２が理想だと考えています。

食べてほしいのは「腹持ちがよく、消化に時間がかかる温かい食事」。胃で消化をしている間は体温が上がり、免疫力も高まります。ご飯・具だくさんの豚汁・納豆・焼き魚――といった日本食の定食が理想的です。

朝ご飯は勉強や試験でのパフォーマンスにも直結します。糖分（エネルギー）が補充されないと、脳もうまく働かないからです。どうしても食欲がないという時でも、みそ汁やスープを飲んでおきましょう。朝食抜きは絶対NGです！

③ ブクブク＆ガラガラ

うがいには２種類あります。「口の中でブクブクするうがい」と「のどでガラガラするうがい」です。風邪を予防するには、正しい方法で両方のうがいをすることが必要です。

【今津流・うがい法】

①水道水を口に含み、約10秒間ブクブクさせる→口の中のウイルスをゆすぐ

②顔を斜め上に向けて、ガラガラと音を出してのどを振動させる→のどに付着したウイルスをゆすぐ

③斜め上を向いたまま、首を左右に倒して、水をのどの端から端まで行き届かせる→のどの端のウイルスをゆすぐ

特に朝起きた後の歯磨きとうがいは重要です。唾液は、口の中にいる雑菌を退治してくれるのですが、就寝中は量が減ります。寝ている間に繁殖してしまった雑菌は、起きてすぐに洗い流しましょう。

④ ワクチンは2回

インフルエンザの流行は、既に始まっています。

インフルエンザウイルスにはA型やB型など様々な型があり、流行する型は毎年変わります。このため、予防には毎年、ワクチンを打つ必要があります。

注意してほしいのは、インフルエンザワクチンは、接種して免疫がつくまでに２週間かかるということ。11月末に接種しても、効果が表れるのは12月中旬ということになります。できるだけ早く、ワクチン接種を終わらせましょう。

ワクチン接種は通常、１回でよいのですが、受験生には、２回接種することをお勧めします。「ワクチンブースト効果」といい、１回目のワクチン接種でできた免疫を増強する効果があるからです。１回目～２回目は、２週間あければOK！　かかりつけのお医者さんに相談してみてください。

⑤ まめに手洗い

手には目に見えない雑菌がたくさん付着しています。風邪予防で一番大切なのは実は、こまめに手を洗うことです。

せっけんを使うのが理想的ですが、流水で手を洗うだけでも十分な効果があります。水圧で、雑菌を洗い流すことがポイントです。

水道の水を勢いよく出し、蛇口から遠いところに、手のひらと手の甲を、それぞれ10～15秒ずつかざすだけ。手をこすると、雑菌が手のシワに入り込んでしまうのでやめましょう。洗った後は、清潔なタオルやハンカチで水を拭き取ります。

ウェットティッシュを持ち歩くのもいいですね。予備校や学校などの机の上にも雑菌はついています。拭き取るだけでも風邪予防に効果はあります。

⑥ 深～く眠ろう

心と体の疲れをとるためには、質の良い睡眠を取ることが大切です。細胞を再生させて免疫力を上げる成長ホルモンは、深い眠りの時に分泌されます。

睡眠の質に大きな影響を与えるのは「光」。脳は、光を感じると覚醒しようとするので、寝る時には部屋を真っ暗にしましょう。部屋の外の明かりが気になる場合は、遮光カーテンで光を遮るようにするとよいでしょう。

また、寝る１時間前から、パソコンやテレビなど光の刺激が強いものを見るのはやめましょう。布団の中でスマートフォンを触るのも控えたいですね。

【写真３】２０１９年１１月２９日号「読売中高生新聞」

と、やはり見た目でストレスのなさそうな短い記事から読んでいくことが分かります（大人でも実はそうだったりするのですが）。長い文章を読むのは時間も負荷もかかりますから、当然と言えば、当然かもしれません。

すごく複雑な気持ちになりますが、重要だから１０００字書くよりも、もしかしたら、重要だからコンパクトに３００字にまとめた方がより読んでもらえ、学習効果も高い可能性だってあります。ＫＯＤＯＭＯ新聞ほどではなくていいものの、中高生新聞でも小さな記事を有効に使うことは必要と考えています。

中高生新聞で多く使われているのが、「○○における３つ（５つ）の○○」とい

った書き方です。伝えたい要素を箇条書き的な短い原稿に分割し、一目で分かる見出しを立てる方法で、ちょっと複雑な物事の背景を説明したり、受験勉強などのアドバイスをしたりする時によく使います。

中高生新聞が受験シーズンにお届けしている大型連載「合格応援団」では過去にこんな特集を展開しています（**写真３参照**）。

▼センター試験　解答時に起こりやすい３大ミス
▼北風に負けるな！　風邪予防６か条
▼予備校校舎長が伝授！　入試対策５か条

などなど。３大〇〇とはうたっていないものの、その他の特集も大体、箇条書き形式で短い原稿を添えるスタイルにしています。特に受験生は忙しいですし、そうじっくり新聞を読む時間もないので、一目で分かり、できるだけ時間を要さないレイアウトにしたい、という思いで編集しました。

長い原稿を読ませるテクニック

中高生新聞の場合、年代的にも読み応えがある記事があった方がいいこともあります。このため、ＫＯＤＯＭＯ新聞と違って１０００字程度の長い原稿もよく出てきます。

中高生新聞では２０２０年４月から、長い原稿を読んでもらうために、紙面レイアウトを大きく変更することにしました。

それまでニュース面のトップ（４面）は、前文＋本記＋別稿の３点セットで作成していました。しかし、２０２０年４月からは、「時事のツボ」という小箱を設けることにしました。しかも本記も４００字程度をひとかたまりにし、その間に小さな見出しを挟むようにしています。

ポイントはいくつかあります。

一つ目は「一目でニュースの肝を分からせること」です。長い原稿を読むのは、記者でも正直、抵抗があります。なので、この原稿を読めば、こんなことが分かるんだ、というニュースのエッセンスを「時事のツボ」というコーナーで伝えることにしました。ここは単純な説明だけではなく、時には少し先が読みたくなるような「疑問文」もおり込み、本文を読めば疑問が解決する作りにすることにも挑戦しています。

このレイアウトは、第1章でも述べた中高生による紙面批評「みんなの編集会議」でのヒアリングで出た意見を参考にしています。印象に残った記事として、ニュース面のトップ記事をあげる子が少なくないのですが、よく聞いてみると、中身までしっかり読んでいない。理由を聞いてみると、「見出しで大体、事実関係はわかる」……。本来、そういう見出しが新聞社的には完璧な見出しなので、レイアウトを担当する記者は苦笑いしていました。

スマホ世代の今の10代は、思わず記事をクリックしたくなる「先を読みたくなる見出し」に慣れています。短い言葉で内容を過不足なく説明してしまう新聞社の美しい見出しは、逆に先を読むきっかけにならないわけです。事実関係だけ知っておいてもらえれば、それで十分という考え方もありますが、せっかくなので、ニュースの背景や自分たちの生活との関わりなど、見出しの先により深いことが書かれてある本文にもしっかり踏み込んでほしいとは思うのですが。

「時事のツボ」は見出しと本文の中間にあるような存在。見出しと「時事のツボ」を読めば、ある程度、そのニュースの背景までざっくりと理解できるところまでいき、さらに興味を持った人は本文を読んで勉強してほしい、という作りにしています。①見出しだけ、

②見出し＋時事のツボ、③見出し＋時事のツボ＋本文——という3段階の読み方ができるようにしたわけです。

二つ目は本記の改革です。これまでの本記は、1000字程度で、中に1本ぐらい見出しを挟むという構造でしたが、4月以降は、400字弱の三つの塊に分けることを徹底することにしました。そして、それぞれにここを読めばこれが分かるという見出しを入れる。

全部読めば、結果としては1000字程度の長い原稿なのですが、重要なポイントを目立たせることで、「とりあえずそこまでは読んでみよう」「せめてここは読もう」という気持ちを持ってもらえるかなと思っています。

今回はあえて導入しませんでしたが、Q&A形式も長い原稿を読んでもらうための一つの工夫です。例えば、ニュースの事実関係の説明ではなく、いきなり疑問から入ってみる。「〇〇が起きて、世の中大騒ぎになっている」という入り方ではなくて、「いま、世の中で大騒ぎになっている〇〇。なぜ起きたのか」という入り方をするわけです。中高生になれば、ある程度、世の中で起きていることを耳にはしています。漠然と、「あっ、その言葉、聞いたことがある」と思えば、記事を読み進めてくれるはずです。

大きな紙面は強みか、弱みか

昨今、苦戦が続く新聞広告の世界ですが、中高生新聞の創刊準備をしている際に、広告業界関係者からこんなことを言われ、衝撃を受けました。

「新聞広告の強みは、デカさだ」

なるほど、確かに！　新聞記者をしているとどうしても、コンテンツの中身そのものに目がいきがち。紙の新聞はウェブに比べて不便だと言われている昨今ならなおさらです。

しかし、物理的な紙の大きさそのものが実は逆に武器になる分野もあるはずです。ドーンと自分の好きな俳優やアニメのキャラクターが大きく載っていたらうれしいでしょうし、たくさんの情報を一つのページに並べる図鑑のような華やかなまとめもできるはずです。いずれも、そこに生み出されるのは、紙面を開いた瞬間、有無を言わさず「おおお」となる心の動きです。こうした表現は小さなスマホ画面では絶対にできません。

中高生新聞の1面が、写真を大胆に使った作りになっているのはそのためですし、芸能

読売KODOMO新聞
2019年（令和元年）9月19日
ラグビーW杯 20日開幕
桜の戦士 いざ出陣

【写真4】２０１９年９月１９日号「読売ＫＯＤＯＭＯ新聞」

人を中心に旬の人物を紹介する最終面もタブロイド判全面の写真を使ったグラビアっぽい作りにしているのも、そうした意図があります。1面と裏面、どちらを手にとっても「おっ」と思ってもらえる作りを目指したわけです。

ＫＯＤＯＭＯ新聞でも大きさを生かした企画が数多くあります。

例えば、こちらは、2019年に行われたラグビーW杯の開幕直前の特集。ＫＯＤＯＭＯ新聞はタブロイド判ですが、これはラッピングといって、1面と最終面をどーんと1枚の写真でつなげて、読売新聞本紙と同じ、ブランケット判の大きさで日本代表の試合日程や選手の情報を紹介しました（**写真4**

参照）。

中央の写真でラグビーの迫力を感じてもらい、その端に選手の情報を並べていく。ポイントは実は選手の細かすぎるプチ情報です。「柴犬飼ってます」「16人きょうだいの15番目」「自慢の筋肉の部位は腹筋」……。普通だったらプレースタイルを紹介するところですが、多分、ラグビーを見たことがない子どもたちにはちんぷんかんぷんでしょう。だから、「ど迫力の試合をテレビで見てもらえば、ラグビーの魅力には気づいてもらえるはず」と、割り切って、ラグビーのことは分からないという子どもたちでも、「へー」と思ったり、「この選手、応援したいかも」と思ってもらえるような距離感を縮める情報を優先して盛り込みました。この紙面を広げながら、試合を見て、選手を応援してもらうというイメージです。

５００号を記念した２０２０年10月22日号でも大きな紙面を作りました。タブロイド紙面８ページを四つに折り込んだ別刷りです（**写真５参照**）。広げると、Ａ３の４倍の大きさであるＡ１サイズ。ここに、５４２人に当たるおもちゃや文房具などのプレゼントをずらっと並べてみました。壮観です。裏面には、巨人軍の原辰徳監督に登場してもらい、壁にはると、ほぼ実物大の原監督とグータッチができるような紙面にしました。ふだん見ることのないバカでかい紙面は大好評。こうした紙面を作れるのがまさに紙の魅力なのです。

【写真5】2020年10月22日号「読売KODOMO新聞」

もちろん、「大きい紙面が正解だ」と言うつもりはありません。例えばニュース記事。いくら大事だからといって、子どもに身近でないニュースを見開き紙面で大きく扱ったところで、伝わるかどうかは微妙なところです。先に述べた通り、子どもは、どんな小さな記事であっても興味があるところから読むわけですから。また、2ページあるKODOMO新聞の学習まんがは、見開きではなく、ページをめくるようにして読ませています。物語の転換など、ページをめくらせることで作れるコマもあるからです。

ただ、紙の紙面では大小さまざまな展開が可能だということは強調しておきたいと思います。

日本人はクイズが好き？——クイズ作りと記事執筆の共通点

先ほど広告業界関係者の話を出しましたが、ＫＯＤＯＭＯ新聞も中高生新聞も創刊準備の段階で様々な人にヒアリングをし、その声を紙面制作に取り入れています。中高生新聞が中学・高校の先生方の意見で参考にしたのが、「結局、中高生って空欄が好きなんですよね」という言葉です。「日本人はクイズが好き」とよく言われますが、この先生曰《いわ》く、小さい頃から知識を問う形のテストに慣れてきた生徒たちは、空欄を見ると、答えを埋めたくなるのだとか。

テレビのクイズ番組を見ていて、無意識のうちに問題を解いている自分の姿を振り返ると、確かにそうかも、と思いました。

実は、ＫＯＤＯＭＯ新聞でも中高生新聞でも、ニュースを伝える際によくクイズを活用しています。解きたくなる、ということは、読んでくれるということ。クイズをとっかかりに、そのニュースを読んでもらうのが狙いです。

【写真6】２０１９年４月２５日号
「読売ＫＯＤＯＭＯ新聞」

例えば、ＫＯＤＯＭＯ新聞では巻頭特集の１、２面でクイズを出すことがあります。１面にテーマに関連したクイズを出題する。答えは２面に書いてあって、ページを開いてもらうきっかけにするわけです（**写真６・７参照**）。クイズの内容も工夫していて、できるだけ写真を使って、目に留まる形にする。過去の例を二つ挙げてみましたが、どうでしょう。ちょっと答えを知りたくなりませんか？

中高生新聞でも２０２０年４月から「時事王」という問題形式のワークシートを月に１回、別刷り４ページで折り込むようになりました（**写真８参照**）。それまで、不定期で「おさらいクイズ」のコーナーを設けていたのをレギュラー化したものです。この連載は

【写真7】２０２０年１２月１７日号
「読売ＫＯＤＯＭＯ新聞」

【写真8】２０２０年１１月６日号
「読売中高生新聞」

当然、学校や家庭での学習に活用していただくことを想定しているのですが、同時にニュース記事の「質」を向上させることも狙いにしています。

第1章でも触れましたが、クイズを作る際には鉄則があります。見た瞬間、解きたいと思えなければなりませんし、答えそのものも「へ〜」と思うような驚きや「なるほど」という納得がなければなりません。時事問題で言えば、「確かにこれ、ニュースで聞いたことがあるな。覚えておいた方がいいかも」という心の動きでしょうか。

記者が定期的にワークシートを作ることの効能は二つあります。

一つ目は月に1度、問題形式のワークシートを作ることを前提としてニュース記事を編集することで、ニュース記事の「役立ち感」が増すこと。これは当たり前なのですが、時事クイズを作るためには人の心を動かす答え――キーワードと言ってもいいでしょう――が必要です。当然、記者は記事を書く段階で、中高生が覚えておいた方が良い時事的内容を原稿の中に盛り込むようになります。もちろんそれ以前も、そうした記事の作りを意識してきましたが、よりその意識は強くなります。

例えば、これは羽田空港の発着の国際便を増やす取り組みについて報じた「読売中高生新聞」2020年2月14日号の記事です。これは「時事王」のコーナーが始まる前の記事ですが、みなさんだったら、この記事をもとに、どんなクイズを作るでしょうか。

羽田空港（東京都大田区）の国際便を増やすため、東京都心の上空を通る新ルートの試験飛行が始まった。東京五輪・パラリンピックの開催を控え、首都圏の空港機能を強化する狙いがある。3月末からは正式運用される予定だという。

国土交通省によると、新ルートは埼玉県側から都内に入り、新宿、渋谷などの上空を通って降りる。機体の安定のため、南風が吹く日の午後に着陸用として運用される。新ルートの運用による発着枠の拡大で、羽田の国際便の発着回数は年間約4万回、旅客数も700万人以上増えると試算されている。経済効果は約6500億円に上るという。

主な都市の国際便の就航先都市数と利用客数

都市名	就航先都市数	利用客数
ロンドン	360	1億6300万人
香港	150	7400万人
ソウル	152	7200万人
シンガポール	150	6500万人
東京（羽田、成田）	108	5000万人

（国土交通省の資料を基に作成）

首都圏には羽田と成田空港（千葉県成田市）という二つの国際空港があるが、国際便をもっと増やすべきだという声は、以前から上がっていた。

就航先の都市数や利用客数で比較すると、上の表のとおり、二つの空港を合わせても韓国・ソウルや香港、シンガポールなどには大きく水をあけられている。その分、観光やビジネス拠点としての首都圏の国際競争力を低下させているとも考えられるためだ。（後略）

何を「答え」にするか、結構、難しいですよね（笑）。羽田空港の名前を答えさせるのは簡単すぎますし、羽田空港のある場所は何区か？　という問題も「大田区」と聞いて「へ～」とはなりません。記事自体は、羽田空港の国際便を増やす狙いについては分かりやすく述べられていますし、事実関係として情報の過不足もないように思えるのですが、ここで覚えておくべき時事用語は意外と少ない。

もし、ここで「へ～」と思うクイズを作るとすれば、世界、もしくはアジア圏で、就航先や利用客数が多い空港でしょうか。表の一部を空欄にして、そこの都市名を答えさせる問題です。東京をアジア一の都市と思っている中高生は多いと思いますが、実は空の路線では香港やソウル、シンガポールの方が、就航先都市数も利用客数も多い。驚く中高生も多いでしょうし、羽田と成田で国際線の空港が二つに分かれている東京の課題について考えるきっかけにもなります。さらにここで、一問一答形式の問題を作ろうという前提があるなら、「ハブ空港」という言葉を原稿におり込んでもいいかもしれません。

もちろんクイズ作りを前提にしなくても自然にキーワードを盛り込むサービス精神が全ての記者にあれば、それにこしたことはないのですが、いずれにせよ、「もしクイズを作るなら」と考えることで、記事の「役立ち要素」は自然と増えていきます。

二つ目は、クイズを作ることで、記事の書き方がうまくなること。面白い記事が書けるようになる、と言ってもいいかもしれません。

後輩記者には申し訳ありませんが、「時事王」を作る際にたたき台として作ってくれた問題案をいくつか紹介します。

Q1：カジノやホテル、ショッピングモールなどを一体化した複合施設のことをアルファベット2文字でなんという？
Q2：中国・中華圏における旧暦の正月のことを何という？
Q3：東海から九州沖に及ぶ太平洋の海底にある溝状の区域を何というか。

さて、どうでしょう。答えは、Q1が「IR」、Q2が「春節」、Q3が「南海トラフ」なのですが、みなさんはこの問題を見て、「面白い」とか「解いてみたい」と思ったでしょうか。単に時事用語の骨格だけが問われていて、味気ないなと思いませんでしたか？
最終的には、こう修正しました。

Q1：観光立国を目指す国の政策の柱として期待されている、カジノやホテル、ショッピングモールなどを一体化した複合施設のことをなんと呼ぶか。アルファベット2文字で答えなさい。
Q2：日本にも多数の観光客が訪れる、中国・中華圏における旧暦の元日のことを何と呼ぶか？
Q3：太平洋沿岸を中心に甚大な津波被害を起こすことが想定される、東海から九州沖に及ぶ太平洋の海底にある溝状の区域を何というか。

ちょっとだけ「枕詞」のようなものを足しただけです。ただ、これだけで「少し解きたい」という気持ちが出てきませんか？
まずQ1は、答えとして問われているものの、重要度や注目度を言葉で示してみました。

要は「この答え、結構、注目されていますよ」と伝えたわけです。Q2は「日本」との関係性を明示してみました。答えは日本にも関係がある＝ジブンゴト化しているわけです。Q3も同じで、太平洋岸に大きな被害をもたらすという情報を入れ込むだけで、ずっとこの答えが身近で重要なものだと感じます。クイズの「意義づけ」と言ってもいいでしょう。

これまで何度も書いているように、「分かりやすい」「面白い」記事には、読者の心を前のめりにする工夫が必要です。実はクイズを作るのも同じ。記事より短い文で人の心を動かさなければならないので、むしろ難しいかもしれません。少なくとも今までの経験上、クイズ作りが上手な記者はだいたい、原稿もうまいものです。

読者の手を動かす――魔法の切り取り線

クイズが読者の「頭」を動かす代表選手であるとするならば、読者の「手」を動かす代表選手は切り取り線でしょう。「空欄があると埋めたくなる」と同じで「切り取り線があれば切りたくなる」のが人間の性（？）というものなのかもしれません。

切り取り線を活用したＫＯＤＯＭＯ新聞の連載が「おしえて！コナン時事ワード」です

NEWS ニュース

おしえて！コナン 時事ワード

©青山剛昌／小学館・読売テレビ・TMS 1996

ひとこと

「残り1シーズンしか気力、体力ともに残っていない」

2015年ラグビーW杯で大活躍した元日本代表の五郎丸歩選手(34)（ヤマハ発動機）が12月16日、来年1月に開幕するシーズン限りでの引退を表明した。

ワールドトピックス

「密《みつ》」避けられる靴《くつ》

ルーマニアの靴職人が、新型コロナウイルス対策用として、つま先部分をなが〜く伸ばしたブーツ＝写真、ロイター＝を製作した。このブーツを履いた人同士が向かい合うと、2㍍弱の距離がとれるという。1足150㌦（約1万8900円）。

ルーマニア

面積：23.8万平方㌔。人口：約1941万人
首都：ブカレスト。吸血鬼のモデルとなったドラキュラ伯爵のブラン城が有名。

＊外国の日付は現地時間です。

冬型《ふゆがた》の気圧配置《きあつはいち》

日本から見て西に高気圧、東に低気圧がある状態。「西高東低の気圧配置」とも言われ、冬によく見られるため、冬型と言う。

水が高い所から低い所に流れるように、空気も気圧の高い所から低い所に移動する。これによって、大陸から寒気が日本に向かって吹き込む。寒気は日本海側に大雪を降らせた後、太平洋側に乾いた風を吹かせることが多い。

高気圧　寒気が吹き込む　低気圧　乾いた風

冬将軍

世界自然保護基金《せかいしぜんほごききん》

世界最大級の民間の自然保護団体。英語表記の「WWF」は「World Wide Fund for Nature」の略。1961年にスイスで設立され、71年に日本事務所が開設された。

ゾウやトラなど絶滅のおそれがある野生動物を救うことを目的に始まった活動はその後、生態系の保護や地球温暖化防止といった分野にも広がっている。

活動を世界中に知ってもらうため、ジャイアントパンダをロゴマークにした。

海外への象牙製品の持ち出し禁止を呼びかけるイベント（2018年3月、羽田空港で）

国際自然保護連合

金栗四三《かなくりしそう》

日本が初めて参加した1912年（明治45年）のストックホルム五輪のマラソンに出場した陸上選手（1891〜1983年）。熊本県出身。「日本マラソンの父」と呼ばれ、箱根駅伝の創設にかかわった。

ストックホルム五輪では、暑さで途中棄権し、現地では「消えたオリンピック走者」と語りぐさに。67年にストックホルムを再び訪れてゴールテープを切り、マラソン史上最も遅い54年8か月6日5時間32分20秒3という記録を持っている。

若き日の金栗四三（熊本県玉名市提供）

GoTo《ゴートゥー》トラベル

国内旅行にかかるお金の一部を政府が出す事業。新型コロナウイルスの感染を抑えるため、旅行やイベントでの人の移動が少なくなり、経営が苦しくなった観光業界を支援しようと、今年7月にスタートした。

開始直後から、感染防止と両立させる難しさに直面。当初は感染が拡大していた東京発着の旅行は対象から外された。11月以降再び感染が拡大したため、政府は12月14日、年末年始に事業を一時停止すると決めた。

「Go To トラベル」のポスターが掲げられている飲食店（名古屋市で、12月14日）

観光庁

点線部分《てんせんぶぶん》で切《き》り取《と》ってノートにはろう！🔍の言葉《ことば》も調《しら》べてみてね！

【写真9】2020年12月24日号「読売KODOMO新聞」（©青山剛昌／小学館・読売テレビ・TMS 1996）

（写真9参照）。毎週、ニュースの中に出てきた重要時事ワードを人気アニメ「名探偵コナン」のキャラクターとともに解説するコーナーで、創刊当初からKODOMO新聞の大人気コンテンツとなっています。

　レイアウトを見ていただければ分かると思いますが、ここにはいろいろな工夫が凝らされています。まず四つの時事ワードをトランプのようなカード型にしていること。そしてその外を切り取り線で囲い、「切り取って、ノートに貼ってほしい」ということをアピールしていること。もちろんこのままペタッとノートに貼っていただいてもいいのですが、

各時事ワードカードは「せいじ」「しゃかい」「けいざい」など分野に応じて色分けされているので、さらに４枚のカードに切り分けて、ノートに分野ごとにスクラップすることもできるようになっています。

同じページにある「ワールドトピックス」や「ひとこと」も同様に切り取り線が入っています。特にワールドトピックスは、世界の国々を地図、そして子どもたちが大好きな国旗とともに紹介する作りにして、ノートに貼ることでコレクションする楽しさも味わってもらえるように工夫されています。

ただ、まだ一つ読者のみなさんの期待に応えられていないのが、このコーナーの裏側のページがニュース面であるということ。保護者のみなさんからは「裏側もスクラップしたい記事があるので、コナンの裏はニュース以外にしてほしい」という要望も寄せられていて、紙面構成上、今後の課題として残っています。

これが新聞？——まわりがざわついた紙面の数々

ＫＯＤＯＭＯ新聞と中高生新聞には、若い世代に新聞に親しんでもらうというミッショ

【写真10】２０１３年１月２４日号「読売ＫＯＤＯＭＯ新聞」

ンのほかに、新聞としての新しい表現を模索する実験媒体としての役割もあります。クイズや切り取り線などはオーソドックスで繰り返し使えそうなアプローチですが、「えっ、こんなことやるの？」という周囲がざわつくような振り切れた企画もちょくちょくやっています。箸休めにそんな企画の数々を紹介していきます。

まず、ＫＯＤＯＭＯ新聞から。これは創刊１００号記念号の表紙になります（**写真10参照**）。読者のみなさんにこれまでの歴史と感謝の気持ちを伝えるにはどうすればいいのか

を考え、思い切ってこれまで発行した新聞のフロントを全部並べてみました。これもまさに新聞の大きさを利用した試みで、創刊から読んでくれていた方々には創刊からこれまでに世の中で起きた出来事の復習をしてもらえるとも思いました。

さらにこの１００号記念号では、豪華プレゼント企画も実施しています。題して読者１２６人プレゼント（笑）。えらく切りが悪いんですけど、当初は１００人プレゼントの予定なのに、編集室の記者が張り切りすぎて予定より多くプレゼントを集めてしまいました。この企画では、いろんなページに文字を持った「こびと」（特に名前をつけていないので、編集室ではそう読んでいました）を配置し、それをつなげるとクイズになる仕掛けを施しました。せっかくなので読者のみなさんに楽しくページをめくってもらいたかったのですが、プレゼントにはなんと全国から約3万通もの応募が寄せられました。

中高生新聞から紹介するのは、２０１６年のアメリカ大統領選で共和党のトランプ大統領が初当選したことを伝える紙面です。本来であれば、トランプ大統領の略歴や選挙の経

【写真11】２０１６年１１月１８日号「読売中高生新聞」

過みたいなものを中心に伝えるのが普通なのでしょうけど、当時はあの強烈なキャラクターで政治経験のないトランプ氏が当選するとは多くの人が予想していませんでした。中高生の疑問も当然、なぜトランプ氏が勝てたのか、という所にあるため、記事の中心は、トランプ大統領の当選からうかがえるアメリカ社会が抱える課題にしました。

で、トランプ氏の経歴や大統領選の経過はどうしたか……。はい。すごろくにしました（笑）。「トランプ氏大統領への道すごろく」（**写真11参照**）。経歴とか選挙の経過を説明する記事って、どうしても固くなりがちです。とりわけトランプ氏は波乱万丈、面白い経歴を歩んでいるし、選挙戦中の言動も大きな話題になりました。それなら、記事でダラダラ説明するよりも、すごろくにしたら、よりインパクトが強くなるんじゃないか、と思ったわけです。

ちなみに中高生新聞では、その後、トランプ氏には英語学習の素材にもなってもらいました。その週のトランプ氏の発言を英語で紹介する「Donald's TRUMP」です（**写真12参照**）。トランプの形をしたニュース面のミニコーナーで、彼の発言から今、世界で話題になっている国際ニュースを紹介しつつ、読者に時事英単語も勉強してもらうのが狙いです。そして、形を見ておわかりになるように、切り取ってスクラップしてもらうことも想定しています。

10
A nation without borders is not a nation.
Donald's TRUMP
国境のない国は国ではない。
（１月25日、メキシコ国境に壁を造る大統領令に署名したあとの演説で）
10

【写真12】２０１７年２月３日号「読売中高生新聞」

最初に紹介したのは「Yes, together, we will make America great again.（そうだ、力を合わせて、私たちはアメリカを再び偉大にするのだ）」という就任演説での言葉。「Make America great again.」は彼の選挙スローガンでしたが、英語の第5文型の典型例ですね。動詞 make の使い方も、単純に「作る」という意味で覚えていただけでは、なかなかでてこない気がしませんか？　ついでにもう一つ言えば、カードゲームの「トランプ」は実は、英語では playing cards と言うことも紙面ではあわせて紹介しています。

こうした企画を考えるとき、編集室の記者に伝えているのは、新聞をまず一度、「真っ白な紙だと思え」ということです。日刊紙の記者は日々、膨大な量の情報に触れ、それを記事としてまとめ、世の中に発信しています。このため、大量の情報を短時間で過不足なくまとめる技術——引き出しと言ってもいいかもしれません——は身につくのですが、逆にそうした作業が表現の幅を狭めてしまうというデメリットもあります。時間がかかりそうな仕掛けは、はなから頭の中で除外してしまうわけです。

実際、編集室に来たばかりの記者が、「この記事にはこういう図をつけよう」とパッと頭に思いつくのは、日刊紙の慌ただしい作業の中で、短時間のうちに作り上げられるタイプの図表です。まずそうした常識をとっぱらい、白い紙と向き合ったときに、どんな表現が可能なのか時間をかけて考える。そうして様々な新しい表現の引き出しを身につけることで、将来的にはその引き出しが、日刊紙のタイトな作業にも還元されるというのが、最も理想的な展開ですし、それがＫＯＤＯＭＯ新聞、中高生新聞の実験媒体としての使命でもあるのです。

原稿に不可欠なスパイス「共感」

第1章で紹介した「子ども目線」や「ジブンゴト化」というキーワードにも関連しますが、読者の「心」を動かす上で重要なのが、「共感」です。「この気持ち分かるわぁ」とか「私も同じような体験をしたことがある」という心の動きのことで、読み手が原稿に前のめりになる一つのきっかけになります。

ただ、一口に読み手の共感と言っても、性別は違うし、育ってきた環境も違います。あらゆる人の共感を得られる表現を考えるのはなかなか難しい。編集室では基本、各記者が自分の原体験に基づいて、共感の仕掛けを作ることにしています。

「共感の仕掛け」について、少し説明しましょう。

中高生新聞には「部活の惑星」というコーナーがあります。部活に情熱を注ぐ10代の物語を小説風に紹介していく連載で、まさに「共感」が命の原稿です。

これから紹介するのは、新設されたばかりの女子ラグビー部が初めての対外試合に臨む場面です。主人公の女子生徒の心情について、普通なら、「仲間と円陣を組み、思い切り気合を入れた」と書くところですが……。

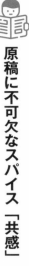

10月26日朝。きょうは○○高校女子ラグビー部にとって記念すべき初の公式戦。真新しい青のユニホームに身を包んだアスカ（仮名）は、いつもより高めの位置でポニーテールを結った。そういえば、チームで円陣を組むのって、初めてかもしれない。

（２０１４年11月21日号「読売中高生新聞」）

女性記者の書いた原稿です。「気合を入れた」という紋切り型の表現を「いつもより高めにポニーテールを結った」としています。実際に試合を見ていて、「いつもと結ぶ位置が違う」と気づいたそうなのですが、何か大事なことに臨む前、自分を奮い立たせる行動をとった過去の経験と結びつけられたからこそ、生まれた個性的な描写と言えます。

読んだみなさんはどう感じたでしょう。特に女性なら「その気持ち、ちょっと分かる」と共感していただけたのではないでしょうか。

「共感の仕掛け」の秘密はここにあります。「気合を入れた」という直接的な説明では、読み手は「気合を入れたんだ」としか思いません。読み手の経験を呼び起こすことによって、初めて「その気持ち、分かる」が生まれるのです。

ちなみに、この原稿では、「そういえば、チームで円陣を組むのって、初めてかもしれない。」という部分も同様の効果を狙っています。「初めて円陣を組んだ」という事実だけでも、ドラマチックではありますが、あえて主人公の気持ちで語ることで、より読み手に過去の経験を想起してもらいやすくしているのです。

ちょっとぎこちなく、初めて仲間と円陣を組んだとき、初めて仲間とハイタッチを交わしたとき、みなさんはどんな気持ちになったでしょうか。答えは人それぞれ。でも、その一つ一つの気持ちが「共感」です。

「部活の惑星」からもう1本、記事を紹介しましょう。こちらは、インターハイ直前に発行された読み切りの特別版です。丸々記事ごと紹介します。インターハイに出場するチームの女子マネジャーを主人公にした話です。

「マナツ、待ってたよ～」。午後9時、いつものように最後に部室を出ると、一緒に帰るチームメートのマイが声をかけてきた。○○高校女子バレー部は、キャプテンとマネジャーが戸締まりをして帰宅するのが伝統だ。午後8時に練習が終わって、ミーティングをして、着替えて……ってやっていると、いつも遅くなっちゃうんだよね。

◆

私がマネジャーになったのは去年の11月。代替わりでキャプテンとマネジャーを決めることになった。キャプテンはすぐに決まった。ユウキだ。これはもう「暗黙の了解」って感じ。リーダーキャラだしね。じゃあ、マネジャーは……？　ってなったら、みんな、黙り込んだ。それって、選手としては引退ってことだから。その日、結論は出なかった。

その夜、親友のカズミに電話で「マネジャーをやりたい」って伝えると、「バレーやりたくてうちを選んだんやん？　ホンマにええん？」と予想通りの反応。そうだよね……。

〇〇のユニホームを着ることは、小6の頃からの夢だった。コーチ同士が知り合いで、この××県屈指の強豪校の練習に参加した。「絶対にボールをつなぐ」っていう執念に圧倒された。ここでプレーしたい。何かを本気で願ったのは、きっと、あの時が最初だったと思う。

親に頼み込んで〇〇中に進学した。大阪から××まで毎日1時間以上かけての通学。あのユニホームでコートに立つ日を待ち望み、ボールを追った。

でも、〝その日〟は来なかった。私には、練習だけでは超えられない「何か」がなかった。それが分かった時、ものすごく怖かった。このままだと、チームに貢献できないまま、3年間が終わってしまう……。

そんな時、思い出したのが、中1の時に出会った高3のマネジャーだった。てきぱきと指示を出す姿が、抜群にかっこよかった。いつもチームの輪の中にいて、誰からも信頼されていた。

「マネジャーもいいなって」。そう伝えると、電話口のカズミは「マナツが決めたんなら応援するで」と言ってくれた。すっと涙が出た。

あの日から数か月、失敗もあったけれど、何とかマネジャーを続けている。最近は、悩み相談を受けることも多い。バレーのこと、進路のこと……。みんな悩んで、決められなくて苦しんでいる。その気持ち、よく分かる。私もさんざん苦しんだから。

◆

5月31日、インターハイ県予選の決勝前夜、宿泊先のホテルで、3年生全員に手紙を手渡した。

「エリカ、一番怒られたと思うけれど、誰よりも成長したよ」「サユリ、しんどくなったら周りを見たら、みんなおるんやで」――。

一人一人の顔を思い浮かべながらしたためた手紙。レギュラーになった子も、そうでない子も、みんなのことが大好きだって伝えたかった。頑張っている姿を見てるって伝えたかった。

みんな、わんわん泣いた。アヤネなんか、泣きすぎて目が開かなくなったくらい。「絶対、マナツをインターハイに連れて行こう」。誰かが声を上げて、「オーッ」とみんなが応じた。じんときた。あしたは勝てる。そう確信した。

７月28日、私はインターハイの舞台に立つ。小学生の自分が夢見ていた未来とは違うけど、一緒にがんばってきた仲間がいる。今はそのことが無性にうれしい。その気持ちは、きっと私だけじゃなく、部活をやってる誰もが感じていることなんじゃないかな。

だから、いま、大きな声で言いたいんだ。みんな、がんばろうね！　って。

（２０１５年７月24日号「読売中高生新聞」〈一部改変〉）

いかがでしょう。マネジャーを決める時の部の雰囲気や空気感。電話口での友達との会話。そして、自分が夢見ていた未来とは違う自分――。みなさんもどこかで似たような感覚や場面に出くわしたことはないでしょうか。

インターハイに出場するすべての選手を応援するような原稿を書いてほしい、と担当記者に伝えたのですが、同僚の女性記者に書いた原稿を見せては直し、見せては直し、10回ぐらい書き直した上で、完成させた原稿です。

こうした「共感」はただ事実関係を説明するだけでは生まれません。必要なのは「自分だったらどう感じるだろう」という書き手のアクションです。自分の過去の経験、コンプレックスも含めてすべてをぶつけなければならないので、とても辛い作業なのですが、原稿が上達するか、しないかはそうしたアクションができるかどうかで決まってきます。

ちなみに、テレビでもウェブでもよく見かけるのが「○○あるある」系のネタ。「広島県民あるある」「アニオタあるある」「ブラック企業あるある」などなど、今の世の中には「あるある」系のネタがあふれています。

そうしたネタが受けるのも、やはりベースに「共感」があるからです。「あぁ、分かる！」「そうそう」。ものすごくシンプルで短い心の動きなのですが、そうした直感的な共感でも十分なのです。

では、応用編。この「共感」という要素を、商品の宣伝にあてはめたらどうなるのか。例えば、テレビショッピングを見てみても、明らかですよね。掃除機でも包丁でも何でも、「みなさん、こんなことでお困りではないですか？」という消費者側への呼びかけから始まっています。「あるある。わかるわ、それ」と思わせることが、商品プレゼンの第一歩です。

ていうか、それって、応用編じゃなくて、商品ＰＲの基本の「き」だよ、と思った人も多いかも。そうなんです。ちょっと行って帰ってきた感じの展開で申し訳ないのですが、商品のＰＲではきちんとそれができているのに、記事を書く、文章を書く、もっと広く言えば、人に何かを伝える上でそれを意識できている人は意外に少ない。記事も人をひきつけなければならない商品なのですが……。

読み手の「生活」を想像せよ

ＫＯＤＯＭＯ新聞を創刊した後、編集室の記者が驚かされたのが、読者、特に保護者からの意外な反響でした。

普通は、反響と言えば、「学校の勉強で役立った」とか「〇〇の記事が分かりやすかった／面白かった」みたいなものを想像しますよね。もちろん、そういう感想もありましたが、むしろ全体としては少数派。編集室に寄せられたのは、より具体的な反響です。

▼子どもが「自分の新聞だ」と言って、木曜日の朝は、早起きして自分でポストに新聞を取りに行ってくれています。毎週木曜日が来るのを楽しみにしているそうです。

▼テレビのニュースを見て、子どもが「この人、〇〇した人だよね。知ってる」と言ったとき、子どもの成長を感じました。

▼新聞をきっかけに、子どもが初めて国語の辞書を開いてくれました。
▼KODOMO新聞は、親子の会話のきっかけになっています。

などなど。

「へぇ〜」っと思いました。いや、衝撃を受けた、と言ってもいいかもしれません。今まで長く新聞記者をやってきましたが、マス（＝全ての年代、性別）を対象に記事を書いてきたこともあって、受け手がどのように新聞を消費し、何に価値を感じているのかを深く考えることはあまりありませんでした。漠然と「良い記事を書けば、読者は喜んでくれる」ぐらいの認識です。

でも、こうして、読者の具体的なエピソードや場面に触れてみて、今までの自分がいかに漫然と記事を書いてきたかに気づかされました。新聞には実はいろんな消費の仕方があって、自分たちが思い描いている新聞の読み方、新聞との接し方は、そのほんの一部でしかない。読者の具体的な生活（新聞を消費する場面）を想像することで、1本1本の記事の持つ価値を高めることができるのではないか、と感じました。言い換えれば、「子どもが楽しそうに読んでいる」だけで終わらせない、ということです。

例えば、「親子の会話」。子どもから突然、ニュースの話題を振られたら、親としてはやっぱり嬉しいですよね。それに、会話に花が咲けば、それは新聞記事を飛び越えた「学び」につながります。

読者の保護者の中には、記事について子どもに質問するようにしている、という素晴らしい取り組みをしてくださっている人もいます。でも、そこまで意識的にできない、という方も多いでしょうから、編集室では子どもから親に話しかけるちょっとした仕掛けを作るようにしています。

生活に関わる話は特にこういう仕掛けに適しています。円高の話であれば、原稿の最後に「お父さんやお母さんの勤めている会社も、円高の影響を受けているかもしれません。聞いてみると、新たな発見があるかも」とさらりと触れてみる。野菜の値上がりみたいな話であれば、「親とスーパーに行ってみては？」と水を向けてみるといった具合です。「テレビのニュースを見せる」は、中高生新聞でも意識してよくやります。特に国政選挙やアメリカ大統領選のような一定期間、注目を集めることが予想される政治ニュースはこうしたやり方がはまります。

ＫＯＤＯＭＯ新聞も中高生新聞もあくまで１週間のニュースをコンパクトにまとめたものなので、情報量や速報性では他の媒体に劣ります。そこで、まずは、選挙の仕組みや構図を基礎から解説する「ガイドブック」的な特集を組み、「これを読んでおけば、大人の新聞やテレビの報道番組も理解できる。チェックしてみよう」と呼びかける。中高生新聞では、国政選挙の直前には、当日のテレビの選挙特番の見方、みたいな特集もします。子ども向け新聞と大人の新聞、テレビのニュースなどを組み合わせることによって、政治について、より深い「学び」を得てもらうのが狙いです。

ＫＯＤＯＭＯ新聞でも２０１９年から、ニュース記事の中に、「調べよう」「考えよう」「話しあおう」という吹き出しを設けています。これは、もちろん、記事の先にあるより深い学びを読者に提供する仕掛けということになります。

超簡単！――「読みやすい文章」を書く基本動作

「分かりやすい」の根底には、読者の心の動きがある、とお話しました。でも、そうした読者の心の動きを生み出すには、まずはスラスラと読んでもらえる文章、つまり「読みやすい文章」を書く必要があります。

細かい技はたくさんありますが、ここでは誰でもできる超簡単なテクニックを一つ紹介しましょう。とは言っても、もう答えは書かれているのですが……みなさん、分かりますか？

そう。「読みやすい文章」を書くためには、まず自分で「読んでみる」ことが大切です。心の中で音読してみる。これをするだけで、書いている時には気づかなかった自分の文章の問題点が、気持ちいいぐらい次々と浮かび上がってきます。

例えば、この項の2行目に「まずはスラスラと読んでもらえる」という表現がありますよね。実は最初にパソコンに打ち込んだときは、「まずはすらすらと読んでもらえる」と書いていました。どちらも同じ意味ですが、読むときにどちらが読みやすいか、そしてスッと意味が入ってくるか、一目瞭然です。

「文章を読む」とはすなわち、文字を認識し、理解することです。その認識作業は基本、よほど文章を読むのに慣れている人でない限り、文章の頭から順を追って、進められていきます。すごく単純なことなのですが、自分で実際に音読をし、読みづらい＝認識しづらい部分をあぶり出すだけで、読み手にとってのストレス源は格段に減らすことができるのです。

ある程度、文章を書き慣れている人なら、「当たり前じゃん」と思うかもしれません。しかし、仕事柄、10代が書いた文章と接していると、この基本的な作業ができている子は、ほとんどいないのではないかと思います。段落の改行はおろか、読点（、）や句点（。）を打っていない文も珍しくないのですから。

こうした背景には、LINEやツイッターなどに代表されるスマホを通じたテキストのやりとりが影響している気がします。LINEなどのやりとりでは、改行で文節を区切ったりしますよね。読点や句点を使わなくても、相手に自分の意思を伝えることができる。むしろ、改行しているんだから、「、」も「。」も無駄なんです（笑）。

スマホでの言葉のやりとりになれている人たちにこそ、まずは音読を意識してほしいと思います。

上級者向けにお話すると、音読を通じて、言葉のリズムや響きもチェックできると最高ですね。「同じ言葉が繰り返し出てきて、くどい」とか「ここの言い回しが、少しリズム感がない」とか、感覚的な部分まで意識することができれば、文章はより洗練されていきます。

例えば、「体言止め」や「倒置」といった表現技法も、音読をしてみて、読者にとって読み心地が良いリズムかどうか確認した上で使わなければ、脂っこい言い回しになりかねません。言葉一つとっても、日本語で「創造力」と書くのと、カタカナ語で「クリエイティビティー」と書くのとで、文のリズムが大きく変わってきます。

文末の言葉遣いや文の構造もそうですね。人には文章のクセみたいなものがあって、書いていると無意識のうちに同じ文末、文の構造を連続して使っていることがあります。音読により、こうした問題もある程度クリアすることができるはずです。

ぜひ、一度、ＫＯＤＯＭＯ新聞や中高生新聞の記事を音読してみてください。普通の評論文などと比べて、読む際のストレスは相当、軽減されているはずです。

超簡単！――「理解しやすい文章」を書く基本動作

「分かりやすい文章」を書くためには、「理解しやすい文章」であることも必要です。どんなに文章が読みやすくても、読み手がその内容を理解できなければ、意味はありません。

理解しやすい文章を書くための一番の近道――それは、自分の書いた文章を第三者に読ませて、疑問に思った部分を指摘してもらうことです。

「また当たり前のこと、言いやがって！」

そう思う気持ち、分かります。「論理的な文章構成の一つでも説明してくれよ！」。そう思う気持ちも、分かります。でも、10年以上、記者を続けてきた経験から言わせてもらえば、文章を「理解しづらいな」と思う原因は、実はもっと単純な所にあるし、実際に自分が文章を書いた時に、このプロセスを実践している人って、そう多くないと思います。

新聞記事は多くの第三者の目を経て、世の中に出ています。

記者が取材をして原稿を執筆し、取材班のリーダーであるキャップが原稿を整え、経験豊富なデスクが最終的に修正する。まだあります。デスクがOKを出した原稿は、レイアウト担当の編成記者が目を通し、見出しをつけ、校閲記者が日本語や事実関係の誤りがないかをチェックし、さらに最終的に担当記者がもう一度確認し……と言った具合です。

こうしたプロセスを経て、記者の書いた原稿は短時間でどんどん洗練されていくのですが、パッと見、「理解しづらいな」と思う原稿に共通しているのが、「自分の言いたいことを、自分のペースで書いている」ということです。

文章は書き手と読み手のコミュニケーションです。「理解しやすい文章」を書くには本来、読み手の存在を意識しなければならないのですが、文章を書きたい人って、記者も含め、やっぱり自己主張が強い（笑）。書き進めているうちに、いつの間にか「伝えたい」という気持ちばかりが先走ってしまうんですね。「もしも、このニュースに初めて接する人が読んだら、まず知りたいことは何か」という基本的なことが抜け落ちてしまう。特に、思い入れが強い記事を書くときや、専門知識が豊富な場合にそういうミスが起こります。

通常、ニュースを伝える新聞記事は、「前文（リード）」と呼ばれる最初の段落で、記事全体の要約がしてあり、次の段落以降は、重要な情報から順に述べられていきます。「重要な情報から順に」という部分がポイントなのですが、すごく単純に言えば、「ここまで読んで、読者が次に知りたいことは何か」もしくは「この時点で、読者が疑問に思っていることは何か」を考えれば、次に書くべきことが見えてきます。書き手ではなく、読み手の立場に立つ、ということですね。

ただ、文章を書き慣れていない人にとってみれば、自分が書きたいことを言葉にするだけでも難しいのに、読み手の気持ちにも気を配るというのは至難の業です。

そこで、手っ取り早いのが、「文章を他人に読んでもらう」という手法です。これも気持ちいいぐらい問題が浮き彫りになります。記者の日常もそうですが、それこそ、「この言葉の意味がわからない」という基本的なことから、「こう述べているけど、理由は何？」といった主張の根拠に関わるものまで、ありとあらゆるタイプの疑問が第三者から寄せられます。文章を完成させるには、そうした指摘をもとに修正を加えればいいし、自身の文章力を向上させたいのであれば、「なぜそうした疑問が生まれたのか」を検証していけばいいのです。

新聞記者でも、めきめきと原稿の腕を上げる人と、何年たっても原稿が上達しない人がいます。原稿の腕を上げる人の共通点は、「デスクに直された部分を忘れない人」です。なぜ直されたのかを考えることで、自然と第三者目線で自分の原稿の流れを見つめ直す視点を身につけられるからです。

超難関！——読み手と書き手の１００字の攻防

「読みやすい文章」「理解しやすい文章」の基礎基本を押さえたところで、次は「読みたい」と読み手に前のめりになってくれる文章の書き方について、思う所を書いていきます。

と、言っても、これは本当に難しい。この章の前半で述べてきたレイアウト上の仕掛けはある程度、パターンに落とし込むことはできるのですが、文章そのもので、人を引きつける方法を定型に落とし込むことはできないからです。

ただ、一つ言えるのは、書き出しの１００字でほぼ勝負は決まる、ということ。

これまでも書いてきましたが、読者は暇ではありません。新聞やテレビ、ウェブなど様々な情報に日々接する中で、ものすごいスピードで情報を取捨選択しています。記者が血のにじむような努力で1000字書いても、2000字書いても、残念ながらその取捨選択のスピードはほとんど変わらない。紙面のレイアウトや見出しを担当する編成部のある先輩記者は、「紙面をパッと開いた瞬間、手が止まるかどうか。それが自分のレイアウトした紙面の出来不出来の判断基準」と話していましたが、勝負はまさにそれぐらいの一瞬です。

まずは、レイアウト上の工夫で手を止めてもらい、書き出しの工夫で読者の気持ちを前のめりにする。最低でもその二つがそろわなければ、記事を最後まで読んでもらうことは難しい。だから、読売新聞本紙の社会面でも、前文と呼ばれる書き出しのパーツの多くはベテラン記者が担当しますし、デスクとして原稿を見る上でも、一番力を入れるのが、やはり書き出しです。ここが決まってしまえば、ちょっと乱暴な言い方ですが、あとの文章は順序立てて筆を滑らせていけばいいのです。

新聞社が開く出前授業では、新聞の前文について、「本文記事の要約」になっていると説明されます。確かに、「株価が大暴落した」とか「アメリカ大統領選で〇〇が当選した」とか、誰もが知りたい大きなニュースの事実関係を報じる原稿であれば、そういう書き出しが理想でしょう。しかし、記者の中には、「本文記事の要約」ということに意識がいきすぎて、ありとあらゆるニュース原稿でそうした書き方をする人がいます。

ここまで本書を読んで下さった人なら、なぜ、こうした姿勢がダメなのか、もうおわかりになるんじゃないでしょうか？

そう。読者から遠いニュースであれば、見向きもされないからです。前文が本文記事の要約になっていても許容される記事は、見出しを見た瞬間に読者が「絶対に知りたい」と前のめりになってくれるような記事だけです。場合によっては、見出しで「読んでみたい」と思っても、記事の書き出しを読んだ瞬間、やっぱやめた、となる記事もあります。

小学生や中高生にとっては、社会での出来事は自分たちとは遠い存在なので、なおさら記事の書き出しには注意を払う必要があります。定型に落とすことは難しいですが、意識するポイントがあるとすれば、「シンプルにズバリ」を意識すること。

なんだ、それって、結局、要約じゃん！　と思うかもしれませんが、さにあらず。要約とはあくまで、記事の内容を短くまとめることですが、私たちの言うシンプルもズバリも、読者の目線を前提にしたもの。読者の心にシンプルにズバリと届くかどうか、が大切なのです。

この章で中高生新聞が「時事のツボ」というコーナーを設けたというお話をしましたが、実は記事の書き出しは、見出しと本文をつなぐこの「時事のツボ」のような役割を果たしています。要はこれから話すことは、こういう内容で、あなた方にとってここが大切、ということを明確に示すわけです。

ここで一つ例を出してみましょう。まずはシンプルの部分。これは読売新聞に掲載されたある記事をベースに作り上げた架空の記事の書き出しです。

東日本大震災の津波で○○県の読売市立大手町小学校に通っていた弟を失った同小出身の読売大文学部4年・白石桃子さん（22）が、卒業制作として同小を舞台にしたノンフィクション小説を完成させた。「やっと弟に見せてあげられる小説ができた」。達成感を胸に、桃子さんは今春から社会人として一歩を踏み出す。

とても感動的な話なのですが、みなさんふと何気なくこの記事に触れたら、どんな感覚になったでしょうか。「読みたい」と前のめりになれたでしょうか。

多分、問題点があるのは1文目です。情報を詰め込みすぎなんですね。「東日本大震災の津波」「○○県の読売市立大手町小学校」「弟を失った」「同小出身」「読売大文学部4年」「白石桃子さん」「（22）」「卒業制作」「同小を舞台」「ノンフィクション小説を完成」と、一文の中にこれだけの情報が詰め込まれている。読み手は本来、ストレスなく文章を読み進めたいにもかかわらず、この一文に詰め込まれた情報を整理するだけで相当、時間がかかってしまいます。さらに「同小」という言い回しが2回も登場し、「何という名前の小学校だったっけ？」と、読者のストレスを高めています。

をシンプルに書くとはどういうことなのか。単純に記者が最も感動したエッセンスの部分を凝縮させればいいのです。ここで言えば。

> 東日本大震災の津波で弟を失った女子大学生が、弟が亡くなった現場の小学校を舞台にしたノンフィクション小説を完成させた。

が、記者がニュースだと感じたことのエッセンスです。これで成り立っていますよね。KODOMO新聞だったら、「ノンフィクション小説」という言葉をちょっと書き換えないと、読者の小学生には分かりませんが、中高生新聞だったら、このままいけます。

あとは、読者の疑問に答えていけばいい。次に知りたいのは何でしょう。作者の名前や通っていた大学ですか？　弟が通っていた小学校の名前でしょうか？　それともノンフィクション小説を書き上げた動機でしょうか？　おそらく、みなさんが知りたいのは、どんな小説か、です。

例えば、「同じ学校で子どもを亡くした遺族や、生き残った同級生などの証言を集めて書き上げた〝あの日〟を描く作品」みたいな内容が続くのでしょう。せっかくなので、妄想で中高生新聞風のリードを書き上げてみました。

東日本大震災の津波で弟を失った女子大学生(22)が、弟が亡くなった現場の小学校を舞台にしたノンフィクション小説を完成させた。同じ現場で子どもをなくした親や、生き残った同級生らの証言を集め、あの日を描いた作品。「弟が生きた証しに」。そんな思いで筆をとった。

最後は動機を加えてみました。ここでは、作者の名前も小学校の名前も出していません。家族を亡くした過去と向き合う若者の気持ちを読者に伝える作りにしています。ファクトそのものが重要なストレートニュースと違って、世の中の話題を伝えるこうした「話題もの」と呼ばれる原稿では、長かったり難解だったりする固有名詞が読者の想像力をかき立てるのを阻害するケースがあります。シンプルというのは、読者から見たシンプルであるべきです。

「ズバリ」という部分も「ズバリ」と言い表すのではなく、「ズバリ」と読者の心を突く、という意味です。これには様々なやり方があります。第１章で述べた「ジブンゴト化」というテクニックもそうですし、先ほど述べた「次に読者が疑問に思うことは?」と同じで、読者が実はそのニュースについて疑問に思っていたことをズバリ掘り起こしてあげる。ＫＯＤＯＭＯ新聞でも中高生新聞でも「なぜ、こんなことになったのか？」という疑問文をあえて入れることがありますが、これにはそうした狙いがあります。

少しひねくれた記者が好きなのは、期待を裏切る書き出しです。「みなさん、○○だと思っていますよね。でも実は××なんです」というタイプのもの。「えっ、そうなの？」とか「まじで？」という前のめりな感情を生み出す効果があります。

ちなみに私たちもそうした書き出しが好きなタイプだということは、ここまで読んで下さったみなさんなら、きっと分かるはずです。「はじめに」もそのタイプです。気になる方は読み返してみて下さい。

本文をストレスフリーにするための3か条

本書ではもともと、文章の書き方論には多くをさくつもりはなかったのですが、記者やライターという仕事に興味がある、という読者の方もいらっしゃるでしょうから、ＫＯＤＯＭＯ新聞や中高生新聞のデスク（編集長）が文章を整える上で意識している基本的なポイントをごく簡単にお話しします。

（１）「漢字：かな」は、「３：７」または「４：６」

パッと見て、「難しそう」とか「硬いな」と思う文章ってありますよね。一目で読みたくなくなるヤツです。そういう文章は、実はたいてい漢字が多すぎるのです。

漢字をできるだけ減らす。これには二つの効能があります。一つは、もちろん読み手のストレスをなくすことです。「漢字が多い方が格調高く見える」と考えがちですが、読まれない文章に格調もへったくれもありません。

もう一つは、漢字をかなに直す過程で、書き手自身の理解が深まることです。漢字は短い言葉でコミニュケーションを取れるので、共通概念を持っている人たち同士のやりとりには非常に便利です。法曹界や役所で漢字だらけの文書が行き交うのは、そうした理由があります。危険なのは、こうした言葉を記者がよく理解しないまま、読者に伝えることです。記者が理解しないまま伝えるニュースをどれだけの読者が拾ってくれるのでしょうか。

例えば漢字だらけの役所の発表文があった場合、「ここで言わんとしていることは、要はこういうことだ」と言い切れるまで、記者がその中身を理解し、やさしい言葉に置き換えられれば、記事の伝わる力は増大するはずです。

（2）数字は重要なものだけ。とにかく減らす

読み手のストレスを高めるもう一つの要素が数字です。数字は有無を言わさない説得力があるため、新聞記事でも多用しがちです。

特に統計ものの原稿では、下手すると一文に5個とか6個出てきたりします。記者はそれで説明していると思っているのですが、原稿の中に登場する数字は、読み手に頭の中で想像したり、計算したりする作業を強いることになります。それが面倒くさいので読み飛ばされることもしばしばで、やはり数字は本当に重要なものだけに絞る、という書き手側の努力が必要です。

自戒を込めて、中高生新聞に過去に掲載された記事の中から一つ例を紹介します。

小中高生の裸眼視力「1・0未満」過去最悪

文部科学省が発表した2019年度の「学校保健統計調査」で、裸眼視力1・0未満の小、中、高校生の割合が、いずれも過去最悪を更新したことがわかった。

文部科学省は4～6月、全国の幼稚園や小中高校の児童・生徒ら（5～17歳）のうち、約4分の1にあたる約337万人を抽出し、健康診断の結果を調べた。その結果、裸眼視力1・0

未満の割合は小学生34・57％、中学生57・47％、高校生67・64％（いずれも速報値）だった。1979年度の調査開始時と比べ、小学生は16・66ポイント、中学生は22・28ポイント、高校生は14・62ポイント悪化している。（2020年1月3日号「読売中高生新聞」）

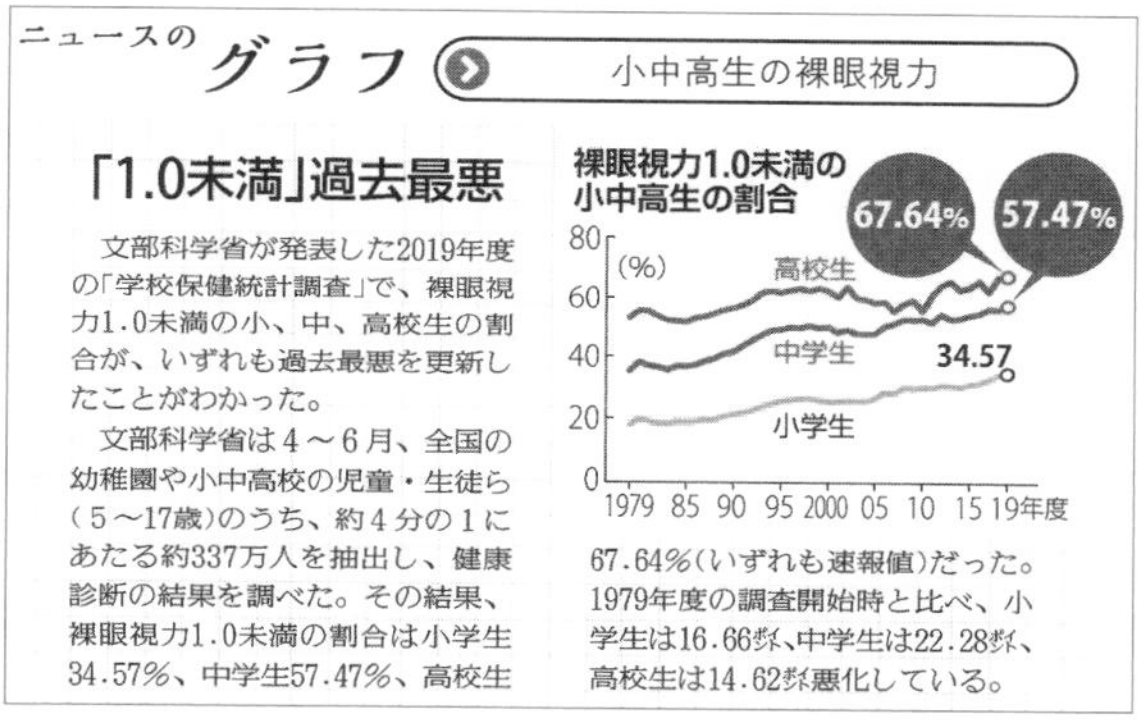
ニュースのグラフ　小中高生の裸眼視力

「1.0未満」過去最悪

文部科学省が発表した2019年度の「学校保健統計調査」で、裸眼視力1.0未満の小、中、高校生の割合が、いずれも過去最悪を更新したことがわかった。

文部科学省は4～6月、全国の幼稚園や小中高校の児童・生徒ら（5～17歳）のうち、約4分の1にあたる約337万人を抽出し、健康診断の結果を調べた。その結果、裸眼視力1.0未満の割合は小学生34.57％、中学生57.47％、高校生67.64％（いずれも速報値）だった。1979年度の調査開始時と比べ、小学生は16.66ポイント、中学生は22.28ポイント、高校生は14.62ポイント悪化している。

【写真13】2020年1月3日号「読売中高生新聞」

どうでしょう。この文章。多分、多くの人の感想が、「へ～、子どもたちの目、悪くなってるんだ」というものだったのではないでしょうか。

これだけ、文章の中で数字を並べているにもかかわらず、小中高校生で視力1・0以下の子どもたちの割合や、調査開始時と比べてそれぞれどれぐらいアップしたか、という具体的な数字について特別な感想を持った人はほとんどいないと思います。正直、よほど数字が好きでなければ、数字がたくさん並んだ文章は読み飛ばしたくなるのが人間というものですし、そもそも目が悪くなっている子どもが増えているというデータは、グラフで一目瞭然です（写真13参照）。

やはりここでも数字を減らす努力が必要です。というか、数字はほとんどいらないかもしれません。目が悪い子の割合も、過去との比較もグラフで見れば分かります。ただ一つ、注目すべき数字があるとすれば、１９７９年度と比較すると、小学生や高校生と比べ、中学生の悪化が目立つ、ということでしょうか。理由はなんでしょう。例えば、中学生になって使い始めたスマホが影響していると考えられないでしょうか。

こうした統計ものの原稿では、文章ではざっくりと傾向を説明し、具体的な数字の説明は、「右の図を見てほしい」「左のグラフからも分かるように」などの言葉を使って、視覚的にパッと理解できるグラフや表に任せてしまえばいいのです。今回の原稿では数字の代わりに、中学生の視力が特に悪化しているというデータをベースにスマホとの関係性について説明すれば良かったと思います。

数字には「絞る」以外にもう一つ注意点があります。それは「具体化する」ということ。先ほど紹介した視力の記事は、割合についての話なので、小学校の高学年以上の方であれば、大抵の方は理解できると思います。ただ、割合を理解していない小学校の低学年は、「67％」が持つ意味を理解できないですよね。ここでは、クラスの3人に2人、とか、30人クラスであれば20人と具体的にその数字が持つ意味を何かと比較して具体的に示してあげなければいけません。

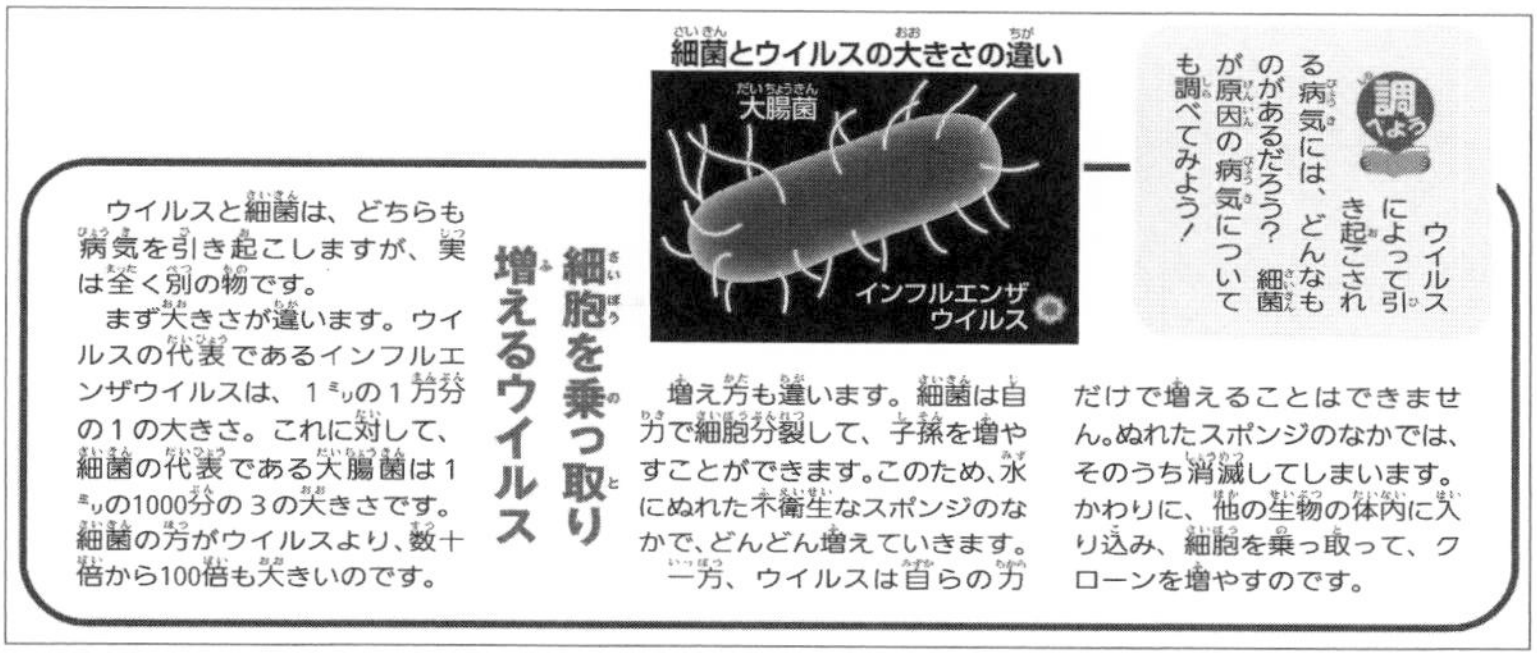

細菌《さいきん》とウイルスの大《おお》きさの違《ちが》い

大腸菌《だいちょうきん》

インフルエンザウイルス

調べよう

ウイルスによって引《ひ》き起《お》こされる病気《びょうき》には、どんなものがあるだろう？　細菌《さいきん》が原因《げんいん》の病気《びょうき》についても調《しら》べてみよう！

細胞《さいぼう》を乗《の》っ取《と》り増《ふ》えるウイルス

ウイルスと細菌《さいきん》は、どちらも病気《びょうき》を引《ひ》き起《お》こしますが、実《じつ》は全《まった》く別《べつ》の物《もの》です。

まず大《おお》きさが違《ちが》います。ウイルスの代表《だいひょう》であるインフルエンザウイルスは、１ミリの１万分《まんぶん》の１の大きさ。これに対《たい》して、細菌《さいきん》の代表《だいひょう》である大腸菌《だいちょうきん》は１ミリの1000分《ぶん》の３の大《おお》きさです。細菌《さいきん》の方《ほう》がウイルスより、数《すう》十倍《ばい》から100倍《ばい》も大《おお》きいのです。

増《ふ》え方《かた》も違《ちが》います。細菌《さいきん》は自力《じりき》で細胞分裂《さいぼうぶんれつ》して、子孫《しそん》を増《ふ》やすことができます。このため、水《みず》にぬれた不衛生《ふえいせい》なスポンジのなかで、どんどん増《ふ》えていきます。

一方《いっぽう》、ウイルスは自《みずか》らの力《ちから》だけで増《ふ》えることはできません。ぬれたスポンジのなかでは、そのうち消滅《しょうめつ》してしまいます。かわりに、他《ほか》の生物《せいぶつ》の体内《たいない》に入《はい》り込《こ》み、細胞《さいぼう》を乗《の》っ取《と》って、クローンを増《ふ》やすのです。

【写真14】２０１９年2月１４日号「読売ＫＯＤＯＭＯ新聞」

大人でも数字を見て、そのスケールを瞬時に理解できないものはたくさんあります。代表選手が「金額」。「〇〇の問題で政府は経済対策として3兆円規模の補正予算を……」なんて記事があったとします。多くの読者は3兆円が巨額であることは分かりますが、それがどれほどの意味を持つかを瞬時に理解できる人ってそうそういません。だから、何かと比較して、3兆円という規模に意味を持たせてあげるわけです。例えば、世界中が大混乱したリーマンショックのときと比べてどうなのか。その比較を入れるだけで、この経済対策の規模が何となくイメージできます。

金額のほかには、場所や空間の大きさを示す「面積」や「体積」、物体の「大きさ」などでしょうか。文章での説明が難しい場合は、図などを使って、可視化してあげるのも良いでしょう。こちらは「読売ＫＯＤＯＭＯ新聞」の２０１９年2月14日号5面の記事（**写真14参照**）。

様々な病気を引き起こすウイルスについて説明した記事なのですが、大腸菌とインフルエンザウイルスの大きさを比較する図を載せています。インフルエンザウイルスがいかに小さいものかがよく分かります。記事では触れていませんが、この大きさの比較をもとに、風邪やインフルエンザ対策としてのマスクの効果についても、議論ができそうです。

（3）イキり厳禁！ 本当に伝えられる情報は30行で一つか二つ

漢字、数字に続き、読者のストレスを軽減するために意識しなければならないものの最後の一つが「情報量」です。

これについては、これまでも何度も触れてきたので、あえて多くは書きません。書き手、特に新聞記者は、同じスペースであれば、情報量が多い方が読者サービスになると思いがちですが、どうでしょう。例えば、見開きの紙面で「大学入試のために覚えておくべき時事ワード1000」とかが一覧表になっていて、「これを読んでこい」といわれると、「うわっ」ってなりますよね。たくさんの情報をギュッと詰め込んだコンテンツは繰り返し見返す場合、例えばトイレの壁に貼っておくぐらいならいいかもしれませんが、読み物としては辛いです。

要は、書き手が書ける情報量＞＞＞読み手がストレスなく理解できる情報量、なのです。

できるだけ多くの情報を詰め込もうとイキるのではなく、編集室の記者には、「読者にしっかり伝えるべき情報は30行でせいぜい一つか二つでいい。その代わり、その一つか二つを心地よく理解できるようにしっかり説明する意識を持とう」と伝えています。

目次に入れた仕掛け――「答え合わせ」

そういえば、本書の「はじめに」で、「ＫＯＤＯＭＯ新聞・中高生新聞」流の読まれる〝仕掛け〟を目次に施してみた、と書きました。この章のまとめとして、最後にその答え合わせをしていきましょう。

目次に小テストのような空欄を作ってしまうという……。やり過ぎでしょうか。

この章を読んでいただいた方であれば、こうした仕掛けが読み手の「知りたい」という前向きな気持ちを引き出す一つのトリガーになるということはおわかりになると思います。

空欄になっていない所でも、「超簡単！～基本動作」といった時短や効率を意識した言葉を使うようにしています。もしかしたら、「目次に入れた仕掛け――『答え合わせ』」という言葉に反応して、このページを開いてくれた方もいるかもしれません。

ただ、私たちが施した最大の〝仕掛け〟は、「はじめに」で、「目次に『KODOMO新聞・中高生新聞流』の〝仕掛け〟を施した」と書いたことそのものです。実際、「はじめに」を読んだほとんどの方が、目次を開いていただいたのではないでしょうか。目次は、この本がどういう内容なのかを箇条書きにして説明する、本の中でもきわめて重要なパーツです。ぜひ、みなさんに本書の内容をお伝えしたいと思ったので、あえてこうした書き方をしました。

さて、この章では、テクニック論を中心にKODOMO新聞・中高生新聞流を語ってきましたが、次の章では、KODOMO新聞の創刊時から記者たちが意識してきた〝編集方針〟についてお話していきます。

第3章 裏編集方針

KODOMO新聞創刊メンバー——意外な人選

創刊10年を迎えた今でこそ、ある程度、編集上の基本的なルールが定着してきたKODOMO新聞ですが、創刊の準備段階で編集室のメンバーはどんな新聞を目指せばいいのか、試行錯誤を繰り返しました。

一線で活躍する社会部の記者が編集を担当するとは言うものの、みな大人向けの記事を書き続けてきた記者です。さらに、メンバーを選ぶ際も、「過去に教育取材を担当した」とか「小学生の子どもがいる」とか、KODOMO新聞の編集に役立ちそうな明確な基準があったわけではありません。むしろ、内幕を明かすと、編集長は別として、取材や記事執筆を担当する記者は、誰一人として、教育分野の取材経験もなかったし、ママさん記者も一人もいなかったのです。

なぜ、こんな人選をしたのか？　KODOMO新聞の初代編集長で現在、読売新聞朝刊コラム「編集手帳」を担当する清水純一論説委員は当時、「とりあえず、よく笑う人間を選んでみた」と話していました。社の一大プロジェクトなのに、何をのんきな事を、と思われる方もいるかもしれません。でも、実はそれがKODOMO新聞、そしてそれに続き創刊された中高生新聞の編集方針の土台にあるものです。

編集室では当時、こんなこともよく言っていました。

「大人として、本気で子どもに寄り添おう」

新聞社として、新聞記者として、一人の大人として、次世代を担う子どもたちに何ができるのか、それを考えようというわけです。親目線で子どものためにできることは、親ができます。学校の先生目線で子どものためにできることは学校ができます。KODOMO新聞が子どもたちに提供できる価値は、親とも先生とも違う「第3の価値」であるはずです。

もちろん、子育てをしている経験や教育分野の取材経験は、子どもや親、学校の先生がたのニーズをくみ取れるという意味で、マーケティングの分野では大きな資産になります。ただ、それに頼りすぎれば、おそらく、できあがるのはどこにでもある「受験に役立つ新聞」です。そうではないもの、記者という社会の最前線にいる大人が子どもたちに何を伝えるかを必死に考える。子育て世代ゼロ、教育分野の取材経験者ゼロ、という異色の人選には、そんな思いがあったのだと思います。

ペンギンの調査報道と長い訂正

では、新聞記者として、大人として子どもと向き合う、とはどういうことなのか。もちろん、ここに「正解」はありませんが、一つの例として、創刊2か月後に、「読売KODOMO新聞」に載った原稿を一つ紹介します。動物園のペンギンに対するいたずらを特集した2011年5月12日号巻頭特集の記事です（**写真1・2参照**）。

読売KODOMO新聞
ペンギンSOS
いたずら 全国《ぜんこく》各地《かくち》で

【写真1】2011年5月12日号「読売KODOMO新聞」

各地の動物園や水族館で、鏡などで光を反射させて、ペンギンにいたずらする人がいるそうです。

ペンギンは光を追いかける習性があります。あちらこちらに光を向けられると、よちよちついて行って、へとへとに疲れてしまうそうです。飼育係の人によると、エサを食べなくなったり、卵を温めなくなったり、多くの悪影響が心配されています。

だれが、どんな気持ちで、ペンギンに光を向けるのでしょうか。読売ＫＯＤＯＭＯ新聞は調査報道で突き止めることにしました。土曜日や日曜日、記者がペンギンのいるプールに張り込んだのです。すると？（２ページにつづく）

光《ひかり》で意地悪《いじわる》 記者《きしゃ》は見た

ケータイや鏡で反射 ▼ ペンギンふり回す

追いかける姿《すがた》 見たくて――

いたずらが起きていた主な動物園・水族館

ひなが１円玉のみこむ悲劇も

エサと間違えた？

動くものに興味？

4時間で4人

絶対にやっちゃダメ！

イラスト・たまいはるこ

【写真２】２０１１年５月12日号「読売ＫＯＤＯＭＯ新聞」
（イラスト・たまいはるこ）

記者が張り込んだのは東京都の上野動物園。行列ができているパンダ舎から10分ほど歩くと、ケープペンギンのいる丸いプールがあります。ペンギンたちは泳いだり、日なたぼっこをしたり、春のうららかな陽気を楽しんでいるようでした。

そのとき突然、ペンギンの体に光があたったのです。ペンギンは驚いた様子で、あたりをきょろきょろと見回しました。別のペンギンは光を追って、プールの中を泳いでいきました。光が右へ左へと振れるたび、忙しく方向を転換します。

光を反射させていたのは、そばにいた30代の女性でした。その手には鏡の代わりに、携帯電話の銀色のボディーがありました。理由を聞くと、女性は「こうすると、たくさんのペンギンが一斉に光の方を向くんです」と無邪気に答えました。ペンギンが光を追う習性はテレビで知ったといいます。記者が「ストレスを与えますよ」と注意すると、少し不機嫌な顔をしました。

その後の4時間で、同じいたずらをする人が4人もいました。道具は化粧のコンパクトや腕時計などです。飼育係さんは「見つけたら注意していますが、次から次にいたずらをする人がいて……」と、とても困った様子でした。

全国の動物園・水族館に電話で聞いたところ、24か所でペンギンへのいたずらが起きていたことがわかりました。

熊本市動植物園では5年前、いたずらで投げ込まれた1円玉をのんで、3か月のひながのどにつまらせて死んでしまったそうです。1円玉は光を放つので、親がエサと勘違いして口移しで食べさせたとみられています。飼育係さんは「悲しい事故でした。二度とこのようなことが起こらないでほしい」と話していました。

動物園の飼育係の人たちによると、ペンギンは壁に映った光を追ってピョコピョコ歩いたり、泳いだりする習性があることがわかっています。ではなぜ、そのような行動をするのでしょうか。

専門家によると、説はいくつかあります。まずは、エサとなる魚と間違って光を追いかけるというものです。海のそばに住むペンギンは、イワシなどのうろこが放つ光を感じて、漁をすると考えられているためです。もう一つは、とても好奇心が強いこと。動くものに敏感で、チョウやハエが飛んできても追いかけるといいます。ペンギンの生態は、まだわからないことが多いようです。

〈へんしゅう室から〉

いたずらする人は、どんな気持ちなのでしょう。現場で返ってきた答えの多くは、「楽しいから」「面白いから」というものでした。

やられる側のことを考えないのは、学校での「いじめ」にも言えることかもしれません。からかうだけのつもりでも、相手はひどく傷つくことがあるからです。人であっても動物であっても、思いやりの気持ちを持つことが大切だと思います。

この記事にはいろんなメッセージが込められています。一つは、「へんしゅう室から」

という記者によるミニコラムにも書かれている「やる側の気持ち」と「やられる側の気持ち」。あとは、最初に出てきている「調査報道」という言葉もそうです。ちょっと大げさな言葉遣いじゃないか、と思った人もいるかもしれませんが、ここでは、新聞記者が普段、どうやって表に出てこない悪事や不公正を取材し、世の中に伝えているか、プロセスそのものを子どもたちに伝えられたら、と思いました。

「現場に行く」「人に話を聞く」、そして「『こんなことはあってはならない』『世の中に伝えたい』と強く思う」——。この企画以後も、KODOMO新聞ではちょくちょく「調査報道」をやっていますが、記者として子どもたちに世の中について伝えられることの一つの方法だと考えています。

時と場合に応じてですが、「長い訂正」というのもKODOMO新聞の特徴であったりもします。以下は本書の執筆者の一人である藤山が担当した「読売KODOMO新聞」2013年6月20日号の英語面の記事の一部です。英語と日本語訳のうち、1か所に間違いがあります。みなさん、どこだかわかりますか？

ピザ屋：Hello. This is ○○ pizza.　こんにちわ。○○ピザです。

女の子：Hi.　どうも。
（ピザを手渡し）
ピザ屋：Here you are.　どうぞ。
女の子：Can I use this coupon?　このクーポンは使えますか？
ピザ屋：Yes.　はい。

はい。まさかの「こんにち『わ』」です。なぜこんな事になったのかはさておき、最高に恥ずかしかったのは、その少し前に学習塾「四谷大塚」が制作した別の企画で「こんにちは」の最後の一文字が「わ」ではなく「は」である理由について、しっかり解説が載っていたこと（汗）。読者から「どちらが本当ですか」という問い合わせがあり、訂正記事を出すことになりました。

通常の新聞であれば、「○月×日号の英語面で、『こんにちわ』とあったのは『こんにちは』の誤りでした」と済ますところです。ただ、これでは、以前の記事を読んでくれていた読者でないと、なぜこれが間違いなのか、釈然としない部分もあるだろうと思いました。そこで、訂正文はこんな形にしました（**写真３参照**）。

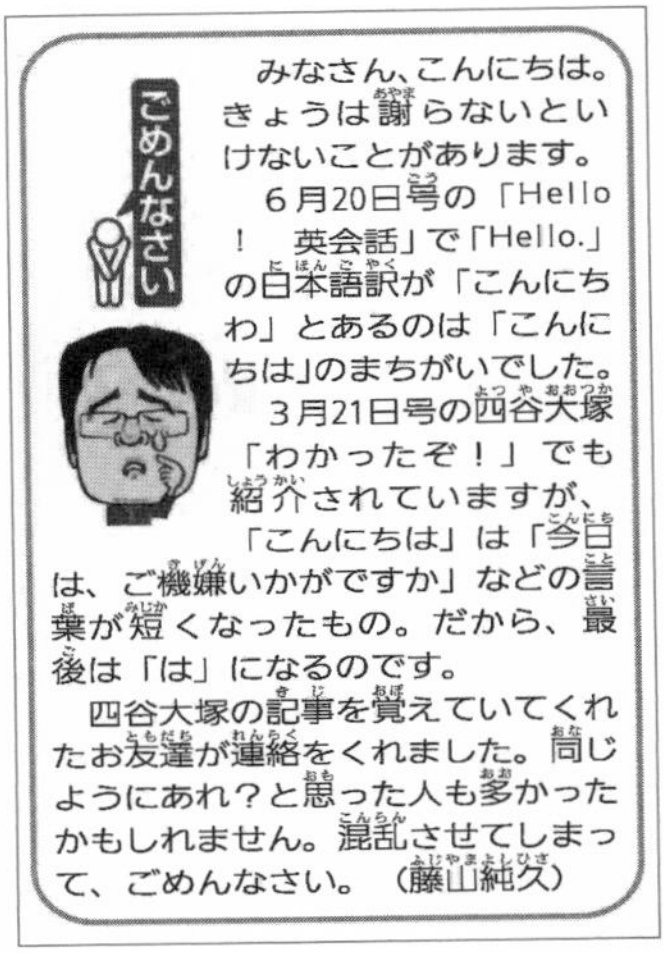
ごめんなさい

みなさん、こんにちは。きょうは謝《あやま》らないといけないことがあります。
６月20日号《ごう》の「Hello！　英会話」で「Hello.」の日本語訳《にほんごやく》が「こんにちわ」とあるのは「こんにちは」のまちがいでした。
３月21日号の四谷大塚《よつやおおつか》「わかったぞ！」でも紹介《しょうかい》されていますが、「こんにちは」は「今日《こんにち》は、ご機嫌《きげん》いかがですか」などの言葉《ことば》が短《みじか》くなったもの。だから、最後《さいご》は「は」になるのです。
四谷大塚の記事《きじ》を覚《おぼ》えていてくれたお友達《ともだち》が連絡《れんらく》をくれました。同《おな》じようにあれ？と思《おも》った人も多《おお》かったかもしれません。混乱《こんらん》させてしまって、ごめんなさい。（藤山純久《ふじやまよしひさ》）

【写真３】２０１３年６月２７日号「読売ＫＯＤＯＭＯ新聞」


みなさん、こんにちは。きょうは謝らないといけないことがあります。

６月20日号の「Hello! 英会話」で「Hello.」の日本語訳が「こんにちわ」とあるのは「こんにちは」のまちがいでした。

３月21日号の四谷大塚「わかったぞ！」でも紹介されていますが、「こんにちは」は「今日（こんにち）は、ご機嫌いかがですか」などの言葉が短くなったもの。だから、最後は「は」になるのです。

四谷大塚の記事を覚えていてくれたお友達が連絡をくれました。同じようにあれ？　と思った人も多かったかもしれません。混乱させてしまって、ごめんなさい。（藤山純久）

情報の正確さ、日本語の正しさなどにこだわり抜く新聞社ですから、訂正というのは記者としてとても恥ずかしいことなのですが、「大人でも間違うんだ」ということを伝えること、「間違ったら、しっかり謝る」ということを伝えることはとても大切なことです。

しかも、今回の場合はちょっぴりだけど、「学び」の要素もある（笑）。どのように読者のみなさんに謝るか、結構な時間をかけて考えた一文です。

最近では、ここまで長い訂正は、あまり見かけないようですが、子どもたちに本気で寄り添う、本気で向き合う記者たちのマインドが変わることはありません。

記者の似顔絵と謎のキャラクター「トリ」

新聞について詳しい方なら、先ほどの訂正を見て、「あれ？　執筆者の署名が入ってる」と不思議に思われたかもしれません。別にKODOMO新聞の訂正に署名を入れる決まりはないのですが、「こんにちわ」の訂正は、記者の名前と似顔絵までつけました。

実はKODOMO新聞は創刊当初から、記者を似顔絵付きでよく紙面に登場させています。巻頭の1、2面の特集記事の最後には、記者の似顔絵付きミニコラムを入れていますし、よく紙上記者座談会も開催しています。ちなみに新庄秀規・現KODOMO新聞編集長の似顔絵は上のような感じ。

読売新聞でも活躍する似顔絵作家さんに書いてもらいましたが、「デ

フォルメしたくなる顔だった」のだそうで……（笑）。

読者に記者を身近に感じてもらいたい、ということももちろんですが、むしろ、子どもたちと本気で向き合うには、一人の人間／大人として、直接言葉を発するツールが必要だったということの方が大きいかもしれません。記者の似顔絵つきで記事の感想をつづったお手紙を送ってくれる読者もいて、記者にとっても大きなやりがいの一つになっています。

KODOMO新聞の似顔絵をさらに発展させた存在が中高生新聞のキャラクター「トリ」（右上のイラスト参照）です。当初は、投稿面に寄せられた読者の声にコメントをつける存在でしたが、じわじわ人気が出てきて、創刊から6年以上がたった今では、中高生新聞と言えば「トリ」と読者に感じてもらえるようなキャラクターに成長しました。

このトリも実はKODOMO新聞の記者の似顔絵と同じで、記者が一人の大人として中高生と向き合うための発信ツールです。KODOMO新聞と違う所があるとすれば、大人のダメな部分も含めて、包み隠さず本音で話すこと、でしょうか。いや、むしろ、大人のダメな部分を見せようとしていると言ってもいいかもしれません。

中学生がレポートの提出期限が迫って焦るように、記者も原稿の締め切りが迫れば焦ります。中高生に好きな先生と嫌いな先生がいれば、記者にも好きな上司と嫌いな上司がいる。トリは、親や先生がなかなか言えないそんな本音を、ぶつぶつとつぶやきます。実際、自身の中高生時代を思い起こせば、10代に向けて偉そうなことは言えないですよね（笑）。

当初は可愛い名前にしようという案があったものの、最終的に「トリ」という名前にしたのも、特別な存在にしたくなかったから。〝中の人〟は複数いるのですが、どこにでもいる一人の大人の本音が語れる存在にしたかった、という思いがありました。そこらへんのおっさん、おばさん（またはお兄さん、お姉さん）的な立ち位置ですね。

ちなみに、トリはどんなコメントをしているのか。投稿面の「ＲＯＵＴＥ・五七五」という学園川柳のコーナーから一部を紹介しましょう。

【作品】レポートは　ほとんどネットを　コピーする（神奈川県・中3女子）

【コメント】以前、ある学校の先生が「レポートでウィキをコピペしたヤツが大勢いた」と怒っていた。なぜ分かったのか。先生もウィキを参考に採点しようとしたからだ。

【作品】テスト嫌　あぁテスト嫌　テスト嫌（埼玉県・中2女子）

【コメント】かの松島の句になぞらえると、この作品は「テストのあまりの嫌さ加減に言葉を失った様」と解釈できるかも。テストを仕事に置き換えても可。

【作品】ふざけるな！　ノー勉言い張る　友は2位（茨城県・中3女子）
【コメント】気持ちもよく分かるが、勉強ができるヤツはできるヤツで大変だ。2位をとって、「まぁ、勉強したからね」と言えば言ったで、感じが悪い。
【作品】広島に　住んでるけれど　ロッテファン（広島県・中2女子）
【コメント】トリも1句。読売に　勤めてるけど　カープファン……。少数派の悲哀、トリもわかるぞ。
（2019年8月16日号、2018年12月14日号、2018年5月18日号、2015年10月16日号「読売中高生新聞」）

読売新聞の紙面でカープファンであることをカミングアウトしてしまうという……。この投稿面にはいくつかコーナーがあって、それぞれ、少し違うキャラクターの「トリ」がコメントをしています。中には真面目なトリもいるので、ご安心を。

「オトナの本音」を知る事の意味

中高生新聞で「トリ」がナビゲーターをするコーナーをもう一つ紹介します。「オトナの本音アワー」です。読売新聞が運営する人気掲示板「発言小町」に10代をテーマにしたお題を出し、ユーザーから寄せられた意見を紹介していく連載で、月一なのですが、なかなかの人気コーナーになっています。

コーナーの魅力はネット掲示板特有の〝とがった意見〟の数々です。書き込みをする人は、親も先生もなかなか言えない率直な意見をぶつけてくれます。編集者としても、考えさせられた学歴に関する記事を紹介します。

> Ｈｉ!!　みんな、元気？　ＤＪ・トリです。親や学校の先生は教えてくれない〝大人の本音〟を知る新企画「オトナの本音アワー」、いよいよスタートだ。このコーナーは、読売新聞が運営する人気掲示板「発言小町」の協力で、10代が抱える素朴な疑問へのアドバイスを大人たちから大募集!!　毎月1回、トリが珠玉の意見を厳選して紹介していくぞ。初回のテーマはこちら。

◆あなたの人生でぶっちゃけ、学歴って役立ちましたか？

……え〜、学歴。中高生にとって、気になる言葉だよな。自分の進路を考える時も、何となく「できるだけ偏差値の高い大学に合格したい」と考える10代は多いし、逆に「学歴で人を判断するのっておかしくない？」と思う人もいるだろう。

社会の荒波にもまれた大人たちにとって、「学歴」はどんな役割を果たしたのか？　早速、大人の本音を紹介していこう。

では、1通目。「くろくろ」さんからのご意見。

「✉東大卒です。バブル時に都銀に就職。今は外資系金融で2000万円ぐらいの年収です。転職でも学歴は有効でした。今の会社でも採用時には学歴を確認します」

いきなりお金の話!!　年収2000万円とは、いわゆる〝勝ち組〟だ。トリは国税庁の統計を調べてみたが、民間企業で給与をもらっている人のうち、年収2000万円超という人はわずか0・4%。学歴だけでなく、社会での厳しい競争を勝ち抜いた結果なんだろうけど、学歴は高給取りへのドアを開くカギみたいなものってことかな?

似たような意見は少なくないぞ。40代女性、「短大卒」さんはこんな意見を寄せてくれた。

「✉転職したくても、求人票に書かれている最終学歴は大卒以上。応募のスタートラインにも立てない。私と同じ後悔をしている人って、結構多いと思う。時間のある時にしっかり学び、大学くらいは行っておいた方が良い」

でも、なぜ学歴で判断するんだろうな? 以下は「坊」さんの意見。

「✉普通高校の高卒です。当時は早く社会に出たいと思っていました。しかし、今は後悔しています。学歴なんて関係ないとしか思っていませんでしたが、学歴は、計画的に努力を重ねられる証明。学歴がないと、頑張りも見てもらえないんだと思い知らされました」

寄せられた意見には「就職で学歴は役に立つ」というものが多かったが、学歴より「資格」を推す意見も少なくなかったぞ。東北地方の50代女性、「りんご」さんから。

「✉（高校卒業後）国家公務員の行政職に受かりました。でも、18歳から働き続けるのが嫌で親に怒られながらもそれを蹴《け》って専門学校に行き、2年目、税理士資格を取りました。新卒から働き『続ける』＝『学歴』ですが、子育て後『再就職』＝『資格』と思います」

「うゆにａｎｄＧＯ」さんから寄せられた意見には深く考えさせられた。

「✉大卒です。結果それなりの会社に入れました。年収も悪くないです。そういう意味では役に立ったと回答するしかありません。でもそれが幸せなのでしょうか？　私は学歴があったせいで冒険におびえてしまいました。ゆえにお金に困らないだけのつまらない人生になってしまいました」

学歴はあって損はないけど、別に幸せを保証してくれるものでもない、ってことだよな。まだまだ、議論は尽きないが、残念ながら、そろそろ紙面スペースがなくなってきた。最後にトリが「う～ん」とうならされた投稿を紹介して、今回はお別れしよう。

近畿地方の40代女性、「ｕｄｏｎ」さんから10代に寄せられたメッセージだ。

「✉ゲーム風に言うなら学歴は防具です。就職活動で『戦場に立つ前にはじかれる』ことを防ぎます。結婚しようと思った相手の親戚に門前払いを食らわせられない鎧《よろい》です。防具があれば、人生の旅で負う傷を軽減できます。ただ、十分な武器（勉強以外の突出した能力）がある人の中には防具はむしろ重くて邪魔という人もいるでしょう。どうか自分の才能、将来を考えて、本当に必要な武器や防具を手にしてください」（２０１７年4月28日号「読売中高生新聞」）

繰り返しになりますが、いきなりお金の話！（笑）　２０００万円って中高生から見たら、どんな金額に映るのか、という素朴な疑問はさておき、「学歴重視の考え方はもう古い」なんて声も少なくない今の時代ですら、普通のオトナはいろいろな形で学歴と向き合っていることがわかると思います。

このコーナーの狙いは、何か一つの結論を出すことではなく、今の世の中や自分の将来について考える引き出しにしてもらうことです。抽象思考ができる年代の中高生対象であるからできる企画です。

親の「勉強しなさい」という小言の背景には、どんな経験や思いが隠されているのか。同じ高学歴なのに、年収２０００万円を幸せそうに語る人と、お金があるだけのつまらない生活を嘆く人がいるのはなぜか。

未来を切り開くことのできる自分の武器って、何なのか。

少し考えるだけで、自分自身の生き方や周囲の見え方は変わるはずです。社会に羽ばたく準備を進める中高生にとって、親でも先生でもない、〝普通のオトナたち〟の偽らざる本音は、学校では学ぶことはできない格好の教材になります。

大人との会話の必要性

ＫＯＤＯＭＯ新聞も中高生新聞も「子どもに寄り添う紙面」を目指していることは先に述べました。紙面は学校や家庭の教育の場とは一線を画すべきだと考えています。イメージしているのは「子どもの秘密基地」。大人が頭ごなしに社会の常識を押しつけるのではなく、子どもたちが自由に自分たちの頭で物事を考える場であってほしいと思います。

ただ、できることならば、紙面で得た知識や考えは、是非とも大人たちにぶつけてほしい。紙面をもとに先生や親と会話できたらすばらしいのではないか。そんな考えのもと、生まれた企画があります。

ＫＯＤＯＭＯ新聞では２０２０年10月から、「絶滅危惧種を追え！」という新企画が始まりました。読者の親がちょうど子どもの頃にはやったもので、今はめっきり姿を見なくなったアイテムや習慣を紹介しようという企画です（**写真４参照**）。

この企画で12月に「カセットテープ」を紹介しました。編集室でもカセットテープには

カセットテープ

かつて絶大な人気を誇ったけれど、いつの間にか姿を消した商品や流行のいまを探る「絶滅危惧種を追え！」。２回目のテーマは「カセットテープ」だ。

音楽《おんがく》つめた「宝石箱《ほうせきばこ》」

お気に入りの曲を、いつでも、どこでも、どんな時でも聴きたい!! カセットテープは、そんな音楽ファンの夢をかなえたアイテムだ。

開発したのは、オランダの電機メーカー「フィリップス」。フィリップスでは「コンパクトカセット」と呼んでいたんだよ。フィリップスが1965年に特許を公開して、各メーカーがこぞって採用したことから、世界中で使われるようになったんだって。

カセットの楽しさは、簡単に音が記録できること。安くて使いやすいカセットが登場したことによって、誰でも手軽に録音ができるようになり、1970年代～80年代の若者たちは、FMラジオやテレビから流れる音楽を録音して、自分だけのオリジナルテープを作るのに夢中になったよ。

「カセット」とは、フランス語で「宝石箱」の意味。好きな音楽が詰まったカセットテープは、当時のキッズにとっては、まさに「宝石箱」だったんだ。

外《そと》で聴《き》ける 革命的《かくめいてき》

カセットは、音楽の聴き方にも革命を起こしたんだ。それまで音楽は、家の中でレコードやラジオで聴くものだった。

でも、カセットに録音すれば、外に持ち出すことができる。1979年にソニーが携帯音楽プレーヤー「ウォークマン」を発売したこともあって、音楽を外出先で聴くことが当たり前になったんだ。

1980年には世界全体で年間12億本も使われたカセットだけど、早送りや巻き戻しに時間がかかるといった弱点もあった。長く使っているうちに、テープが伸びたり、切れたりしてしまうことも多かったんだよね。

1991年にソニーはデジタルで記録できるMDを発表した。その後、どんどんデジタル化が進むにつれて、カセットは次第に使われなくなっていったんだ。

レア度☆☆☆☆☆

絶滅危惧種「カセットテープ」を探してくれ！　見つけたら、
①発見場所
②録音の内容
を書いて、16㌻のあて先に「絶滅危惧係」と書いて送ってほしい。

【写真４】２０２０年12月３日号「読売ＫＯＤＯＭＯ新聞」

思い入れのある記者が多く、テレビの前にカセットデッキを置いて音楽を録音したけれど、雑音が入って失敗した経験やダブルカセットの衝撃、テープが出てきてしまった時は鉛筆を使って巻き取った思い出など、数多くのエピソードが噴出。実際の紙面ではそうしたエピソードの一部しか載せることができず、カセットテープの魅力を伝え切れたかどうか不安を感じていたところ……。読者から次々と反響が寄せられたのです。

中でも、「おばあちゃんの家でカセットテープを見つけました。聞いてみると、おばあちゃんが女の子と話していました。お母さんの子どもの時の声でした！」という手紙には胸を打たれました。紙面の企画が家庭での会話につながった好例です。

今後とも、こうした紙面企画は続けていきたいと考えています。

ニュースとはリアルなイソップ童話である

話をニュースに戻しましょう。

日刊の大人向け新聞と週刊の若者向け新聞では、必然的にニュースの報じ方が変わってきますし、そもそも報じるニュースの選択の仕方も違います。

週刊という観点から言えば、まず日刊紙でよくみかける「続報スタイル」はできる限り取らないこと。続報スタイルとは、あるニュースの続きを報じる記事の書き方のことで、「東京都○○区で一家3人が殺傷された事件で」とか、「××を巡る公文書を△△省が改ざんしていた問題で」みたいな書き出しで始まる記事です。

日々、最新のニュースを追い続ける日刊紙と違い、ＫＯＤＯＭＯ新聞や中高生新聞は週に一度しか発行されない週刊紙です。スペースの関係で紹介できるニュースの種類も限られる上、先週の記事についての記憶も薄れています。よほど大きなニュースでない限り、1本の記事で全体像が分かるように要約することを心がけています。

ですから、編集室の記者は1本のニュース記事を書くのに、何本もの読売新聞の記事や資料を読み込みます。それだけでなく、大人は何となく分かるけれども、子どもには理解できないであろう部分について補足取材を加え、第2章であげた400字をめどに記事をまとめていきます。それだけではまとめきれない、という場合は、400字の塊を二つ、三つと増やしていく。そういう要領です。

さらに「大人向け」と「若者向け」という世代の違いは、伝えるべきことの中身自体も大きく変えます。第1章で「子どもたちにとってニュースは本当に必要か」というお話をしましたが、仕事をしているわけでもなく、選挙権もない子どもたちに必要なのは、いまリアルタイムで起きている情報そのものではありません。大切なのは、そのニュースから、学べる社会や人間の本質です。

「なぜ人の気持ちを思いやることが必要なのか」
「ウソをつくとどうなるのか」

「自分の生き方を自分で選べることがどんなに幸せなことなのか」
「人との競争で勝つにはどんな工夫や努力が必要なのか」
「頑張ってもうまくいかないとき、どうすればいいのか」

事実は小説より奇なり、ではないですけど、ニュースの背景には様々な教訓が隠されています。編集室ではよく、子どもたちにとって、ニュースはイソップ童話だという話をします。単に世の中で起きている事実を読者に放り投げるのではなく、ニュースを選ぶ際は、読者の心に何を残したいか、それを基準に選んでいます。

例えば次は、肢体不自由児療護施設「ねむの木学園」園長で、女優や歌手としても幅広く活躍した宮城まり子さんが亡くなったことを伝えた「読売KODOMO新聞」2020年4月2日号の記事です。

◆障害児を支えて半世紀　宮城まり子さん死去　「ねむの木学園」作る

静岡県に、ねむの木学園という施設があります。手足が不自由な障害を持つ子どもたちが暮らしています。

この学園を作った女優で歌手の宮城まり子さんが3月21日、亡くなりました。この日は宮城さんの93歳の誕生日でした。

宮城さんは、NHKの紅白歌合戦に8度出場するほどの人気歌手でしたが、舞台で障害児を演じたことをきっかけに、「障害を持つ子どもが学校に行けないなんて許せない」と、1968年、自身のお金で学園を作りました。

当時、障害児が親元を離れて暮らす施設は日本では珍しいものでしたが、宮城さんたちが家族のように生活を支えました。ねむの木学園の子どもたちが描く絵画は、アメリカのホワイトハウスに飾られるほど高い評価を得ました。

宮城さんの口ぐせは「やさしくね、やさしくね、やさしいことはつよいのよ」。多くの子どもたちを導き続けるやさしさに満ちあふれた人でした。


読者の子どもたちの中で、宮城さんのことを知っていた子はほとんどいないでしょう。だけど、この記事を読んで、宮城さんのことをより深く知りたくなったり、やさしさと強さについて考えるきっかけになったりしてくれたらいいな、と編集室の記者が願いを込めて書いた記事です。

リトマス試験紙は「はひふへほ」

子どもたちに伝える「本質」の他に、編集室でニュース選択の際に大切にしているのが、「はひふへほ」です。調味料の「さしすせそ」のように、何かの頭文字をとったものではなくて、「は〜（、なるほどね）」や「ふ〜ん（、そうなんだ）」、「へぇ〜（、知らなかった）」という感嘆詞のこと。さすがに「ひー‼」という叫びが出るほどまでのニュースってなかなかないですけど、記者自身が「へぇ〜」と思ったことを書いていく。そこを基本にしています。

理由は簡単。記者自身が心を動かされなければ、読み手の心を動かすことはできないからです。編集室では「この記事の『へぇ〜』は何？」なんて会話が交わされます。

例えば、中高生新聞には、「ティーンのぶっちゃけ！英会話」というコーナーがあります。英会話イーオンの監修で、アメリカの高校生を主役にした3コマ仕立てのショートストーリーをベースに、ネイティブが話すリアルな英語を紹介していくという連載で、中高生新聞の名物企画になっています。

この企画の特徴の一つが、通常の新聞の学習系素材と異なり、編集室の記者が英会話イーオンの先生方と一緒に、ストーリーや学習ポイントについて議論しながら一から作っているところです。

例えば、中高生にもなじみ深い美容院を舞台にした「読売中高生新聞」2020年3月13日号の回（写真5参照）。ストーリー作りは当然、実際に10代が美容院で交わすであろ

ティーンの ぶっちゃけ！英会話
第278回 これが私？
アメリカの学校も今の時期は春休み。リナは休暇を利用して日本に帰るみたいなのですが、どうやら日本の友達を驚かそうとしているようです。

Hair Dresser　So, what are you thinking today?
で、今日はどのようにしましょう？
Rina　I want to impress my friends back home.

impress は「感動させる」という意味の動詞。人に良い印象を与える場合に使います。「I'm impressed.」なら「感動した」。モノを主語にとって、「That movie didn't impress me.（あの映画には全然心を動かされなかった）」みたいにも言えます。同じように、人を何らかの気持ち、状態にさせる動詞に surprise「驚かす」があります。これは良い意味でも悪い意味でも使います。

Hair Dresser　Well, pixie cuts are in.
そうですね、ピクシーカットが流行っているわね。
Rina　Pixie? Sounds cute!
妖精？　かわいらしいね！

be in は「流行している」という熟語。主にスタイルやファッションなどの流行について話すときに使います。例えば、「What's in these days?（最近、何が流行ってる？）」「Tapioca drinks are in.（タピオカドリンクが流行っている）」みたいに使えます。そのほか「流行している」という熟語では、be in vogue というのもあります。

Hair Dresser　All done.
はい、できましたよ。
Rina　Is that me?!
え、これ私?!

「終わりましたよ」と人に伝えるときに使えるのが、「All done.」という表現。「All finished.」とも言えますね。何を終えたか具体的に言うときは、with という前置詞を使って、「I'm all done with my homework.（宿題が終わった）」などと言えますね。

pixie　Xの発音の仕方
exciting は「エキサイティング」、expert は「エキスパート」というふうに、カタカナ語では X を発音するとき、母音をハッキリ入れちゃう。でも、ネイティブが X を発音するときは、母音は入らないの。しかも後に母音が来るか子音が来るかで X の音がかわるんだって。イーオンの外国人教師によるレッスン動画で違いをチェックしてみてね。

動画番組で発音をチェック！

Review Quiz!
Q1 「了解！」という意味になるのは？
A Get it!
B Got it!
Q2 「宿題をするのを忘れないでね」という意味になるのは？
A Remember to do your homework.
B Remember doing your homework.

【写真5】2020年3月13日号「読売中高生新聞」（イラスト・いのうえ　たかこ、城戸ふさ子、タナハシレイコ、柳沢由美子）

う会話を想像するところから始まります。「今日はどんな感じにしますか？」とか、「今のはやりは○○ですね」とか、そんな感じでしょうか。「こんな会話がさらりと英語で交わせれば、かっこいいな」と思えるような会話を探していく作業と言ってもいいかもしれません。

各コマの学習ポイントで

大切にしているのが、「へぇ〜」という感覚です。「今のはやりは○○ですね」という表現一つとっても、いろんな言い方がありますが、イーオンの先生方にはいろんな表現の仕方を挙げてもらう中で、記者が直感的に「へぇ〜、そんな言い方ができるんだ」と思えたものを、それぞれ取り上げるようにしています。

流行については、ここでは「Pixie cuts are in.（ピクシーカットが流行していますね）」という表現を選んだのですが、「（ファッションやエンタメなどで）〜が流行している」という、10代の日常会話でよく出てきそうな会話――○○が来ている、と言い換えてもいいかもしれません――が、「be in」という中1で習う単語で簡単に表現できるというのは、担当記者にとっても驚きでしたし、ぜひ紹介したいなと思いました。

ちなみに、このコーナーの初代と2代目の担当記者は、いずれも英語がぺらぺらというわけではなく、大学時代にアメリカに1年留学し、ずいぶん英語で苦労した経験を持つという共通点があります（笑）。そこまで英語がしゃべれないというのが、かえって良かったのかもしれません。読者と一緒に楽しく学んでいく感覚で紙面作りができるわけですから。

もちろん、ニュース記事を取り上げる基準も「はひふへほ」にあります。先ほど「ニュースとはリアルなイソップ童話である」と述べましたが、もし読者のみなさんの中で、K

ODOMO新聞や中高生新聞を購読されている方がいらっしゃるのであれば、この記事で記者が何を伝えたかったのか、どんなことに「へ〜」と思ったのか、少し意識して記事を読んでいただくといいかもしれません。

リアルの声にこだわれ！——子ども向け新聞のもう一つの役割

子ども向け新聞の使命は「子どもたちと社会をつなぐこと」にあります。ただ、多くの方が「子どもたちと社会をつなぐ」＝「子どもたちに社会のことを伝える」だけだと勘違いしておられるような気がします。

もう一つ忘れてはならない重要な視点。それは「社会に子どもたちのことを伝える」という視点です。子どもたちの考えていることを社会に発信する役割と言ってもいいかもしれません。

両編集室では、子どもたちのリアルな声の発信にこだわった紙面作りにこだわっています。

特に中高生新聞では、選挙権が18歳に引き下げられる改正公職選挙法が成立した201

2015年（平成27年）9月18日　読売中高生新聞

18歳の1票

未来 作るのはキミ

18歳選挙権特集 × 読売中高生新聞

何に関心？ 2万人に調査

【写真6】２０１５年９月１８日号
「読売中高生新聞」

読売中高生新聞

2018年（平成30年）11月2日

10代のポスト平成

2万1000人アンケート

読売中高生新聞 創刊4周年記念号

バラエティ タッキー 最後まで ⑫⑬

ニュース 学校のいじめ 最多41万件 ⑥

ニュース 日中「競争から協調」へ ⑦

【写真7】２０１８年１１月２日号
「読売中高生新聞」

5年には、中高生2万人を対象に「いま興味・関心のある政治課題」について聞くアンケート調査を実施。平成から令和への改元半年前にあたる2018年11月には、ポスト平成時代に期待する価値観を問うアンケート調査を行いました。いずれも全国約2万人の中高生に協力してもらいました（**写真6・7参照**）。

次のページの**表1・2**が、2015年の政治課題アンケートと、2018年の新時代アンケートの結果です。紙面では10代から寄せられた意見を実際に紹介したのですが、10代が相当シビアに世の中を見ていることが分かります。

【表１】2015年：10代が注目する日本の政治課題アンケート

１位	東京五輪・パラリンピック
２位	いじめ・不登校
３位	年金
４位	憲法改正
５位	集団的自衛権
６位	大学入試改革
７位	消費税などの税制改革
８位	東日本大震災からの復興
９位	女性の社会進出
10位	地球温暖化対策

出典：２０１５年９月１８日号「読売中高生新聞」

【表２】ポスト平成時代に大切にしてほしい価値観アンケート

１位	平和
２位	安全
３位	安心
４位	自由
５位	平等
６位	伝統
７位	安定
８位	責任
９位	発展
10位	公平

出典：２０１８年１１月２日号「読売中高生新聞」

政治課題アンケートで、編集室でも「意外だ」と声が上がったのが、「年金」が上位にきたこと。まだ先の話だからあまり興味はないだろうと思っていたのですが、「私たちはもらえないのではないかと不安」（高１女子）といった将来を心配する声や「今はシルバー政治でお年寄りの方々の意見が反映されている。結局、負担しなければいけないのは私たち」（高１女子）など、少子高齢化による若者世代の負担を懸念する声が目立ちました。１位になった「東京五輪・パラリンピック」についても、「将来の負担にならないようにしてほしい」（高３男子）といった意見が多く寄せられました。

「女性の社会進出」が上位に入ったのも特徴的かもしれません。これから大学に進学、就職を控える女子中高生にとっては、当然のことです。ただ、同じ女性でも世代が変われば、興味・関心を持つ政治課題は全く異なるかもしれません。

10代には自分たちの政治課題は自分たちで声を上げて、解決していくしかない、ということをアンケートを通じて理解してほしいと思いますし、こうした10年、20年先の日本を担うことになる世代の声を世の中に届け続けることが、未来志向の政策を考えていく上で社会にとっても大切であると思っています。

最後に、新時代アンケートで、ポスト平成の世で大切にしたい価値観として、10代が寄せてくれた声をいくつか紹介します。

・平和　「当たり前のようにご飯を食べられ、電気もつき、生活できていること。いま、平和に暮らせていることの大切さを頭に入れるべきだ」（中3男子）

・安心　「子どもが安心できる日常をつくり続けてほしい。学校に行けない子や問題を抱える子がつらいと感じる日々を少しでもなくしてほしい」（高1女子）

・多様　「多様な文化、人種、民族を互いに認め合える、そんな世の中になってほしい」（高1男子）

・責任　「大人は、何か失敗すると他人になすりつけたりウソをついたり、知らんぷりをしたり。正直、かっこう悪い。自分の言動に責任をもち、失敗したらしっかり謝ることが大切」（中2女子）

・共存　「自然、人間、ＡＩ（人工知能）などが共に生きていける社会になってほしい」（中2男子）

・平等　「生まれた環境の違いで十分な教育を受けられなかったり、家庭の事情で将来の夢への道が閉ざされてしまったりする子がいなくなり、すべての人が平等と感じられるようになってほしい」（高1女子）

・正義　「日本の政治家には、自身が一番はじめに掲げた正義は何だったのか、思い出してほしい」（高2男子）

大人として、こうした声にどう応えるのか。考えていかなければなりません。

第4章
紙とネット論

「ニュースはネットで見られる」論の落とし穴

２０１４年に中高生新聞を創刊したとき、よく聞いたのが「スマホ世代相手に新聞が売れるわけない」というネガティブな意見でした。確かに創刊前の中高生へのヒアリング調査でも、「ニュースはネットで見られるから、別に新聞を読む必要はない」と話す10代はたくさんいました。

言うまでもなく、背景には、若者とメディアの関係の変化があります。次ページの**表1**はＮＨＫ放送文化研究所が行っている「国民生活時間調査（２０１５年）」のデータです。平日に新聞を読む10代は男子で４％、女子で３％。そればかりか、10代が平日にテレビを見る時間も大きく減少しています。

それでも当時の編集室には、「紙の新聞はスマホ世代にも需要はある」という絶対的な確信がありました。ここからは、なぜ、私たちがそういう確信を持てたのか、また、紙の新聞とデジタルの関係性について思うことをお話していきます。

フェイクニュースが問題になっている昨今、ネット上に流れている情報には不確かなものがたくさんある、ということに異議を唱える人はいないでしょう。例えば、読売新聞社

【表１】変わりゆく若者とメディア

平日にテレビを見る時間

	１９９５年	２０００年	２００５年	２０１０年	２０１５年
国民全体	３時間１９分	３時間２５分	３時間２７分	３時間２８分	３時間１８分
１０代男子	２時間１２分	２時間２分	２時間６分	１時間５０分	１時間３３分
１０代女子	２時間１１分	２時間２７分	２時間１２分	２時間１分	１時間３８分

平日に新聞を読む人の割合（％）

	１９９５年	２０００年	２００５年	２０１０年	２０１５年
国民全体	５２	４９	４４	４１	３３
１０代男子	１４	８	７	７	４
１０代女子	１３	９	７	４	３

出典：ＮＨＫ放送文化研究所「国民生活時間調査」２０１５年などより作成

【表２】ニュースを知る手段として、信頼するメディア

新聞	６４％
ＮＨＫテレビ	６０％
民放テレビ	５１％
ラジオ	１２％
雑誌	２％
ツイッター、フェイスブックなどのソーシャルメディア	６％
報道機関のサイト	６％
グーグル、ヤフーなどポータルサイト	１９％
スマートフォンなどで使うニュースアプリ	１６％

出典：読売新聞社「メディアに関する世論調査」２０１８年より

が２０１８年に実施したメディアに関する世論調査では、「ニュースを知る手段として、信頼するメディア」を問うたところ（三つまで複数回答可）、**表２**のような結果になりました。

どうやら、発行部数は減少しているものの、新聞自体への信頼はまだまだ揺るぎないもののようです。私たち編集室が、スマホ世代にも新聞の需要はある、と考えた根底には、まず、この新聞に対する信頼——若者について言えば、潜在的な信頼という表現が正しいかもしれません——がありました。

ただ、それ以上に、編集室に中

高生新聞の可能性を感じさせてくれたのは、「ニュースはネットでも見られる」という中高生の意見そのものでした。

ヒアリングで実際、そういう意見を出しくれた生徒に聞いてみたんですね。「じゃあ、今日の朝はスマホを見て、どんなニュースが気になった？」と。そうすると、返ってくる言葉はほぼ決まっています。

「今朝は見ていません」

そうした答えを責めるつもりは毛頭ありません。よく考えたら、新聞記者ならまだしも、大人だって、朝、通勤電車でスマホを開いて毎日必ずニュースをチェックするか、と問えば、Ｙｅｓと答える人がどれだけいるか。

ゲームをしたり、ＬＩＮＥで家族や知り合いとやりとりをしたり、ツイッターのタイムラインを眺めたり、音楽を聴いたり……。スマホって、すごく便利で、楽しい機能がたくさん入っているので、他にやることがあるんですね。たとえ、ニュースサイトを開いたとしても、先にチェックするのは、やっぱりスポーツやエンタメなど趣味に関する情報だったりします。

さらに、中学・高校の中には、スマホを学校に持ってくることを禁止したり、学校内だけでなく通学途中のスマホ利用を禁止したりしている学校も少なくありません。自転車通学という中高生も山ほどいます。

　こうした子がいつ、スマホでニュースをチェックしているのか？　朝早く起きて、スマホでニュースをチェックする？　それとも、学校から帰ってきた後、スマホを開いて、「さて、今日は世の中でどんなことが起きたのだろうか」なんて言って、ニュースサイトを見にいくのか？　自身の中高生時代を振り返っても、「そんなことするわけない」と思います。

「ニュースはネットで見られる」と「ニュースはネットで見ている」とは本来、全く別物のはずですよね。しかし、多くの人がその違いの大きさを認識していないのです。

　創刊前のヒアリング調査である中高一貫校の先生がおっしゃっていた言葉が深く印象に残っています。「今の若い子どもたちは、自分たちが子どもの頃と比べて、ニュースに簡単にアクセスできるようになっているはずなのに、驚くほど社会で起きていることを知らない」。

　でも、それってある意味、当たり前のことです。かつての日本では、子どもの好きなものと言えば、「巨人・大鵬《たいほう》・卵焼き」でしたが、生活も豊かになり、娯楽も多様化した現代では、そんなみんなが大好きな娯楽やスターってなかなか生まれにくい。

　メディアが多様化し、しかも、手元のスマホには、面白い機能がたくさんついている。

いくらニュースへのアクセスが簡単になったとしても、ほかにより手軽で、楽しいものがあれば、まずそちらに時間を費やすのが当然です。一方、人の1日は24時間と決まっているわけで、ほかにやることができれば、当然、ニュースに接する時間も少なくなります。「中高生にも紙の新聞の需要がある」と考えた理由は、「ニュースはネットで見られるのに、実際には見ていない中高生が少なくない」と気づいたからです。

毎日、部活に勉強に忙しくて、なかなか世の中の情報にキャッチアップできない、という中高生に対し、週に1回、これぐらいの事は知っておいた方が良い、という情報をコンパクトにまとめて提供する。とても単純なことですが、そういう役割を果たせれば、読んでもらえるはずだと思ったのです。

忙しさと情報の洪水におぼれそうな子どもたち

中高生新聞の創刊前のヒアリングで聞いた先生方の言葉でもう一つ気になったものがあります。「最近の中高生はすぐに『正解』や『結論』を聞きたがる」というものです。かなりの先生に共通する感覚でした。

正確に言えば、最近の中高生ではなく、最近の若者は（あまり使いたくない言葉ですが）、なのかもしれません。

いまは書店に行っても、「3時間で分かる～」とか「～できる7つの方法」とか、時短や効率を意識したタイトルの本が目立ちますし、読売新聞が開いている若手記者向けの研修でも、人気なのは「今すぐ使える取材の方法論」です。

なぜ、そんな風潮が生まれているのか？　何でも簡単にネットで調べられる世の中になったから、という意見もありますが、私はむしろ「単純に忙しいから」という部分が大きいと思います。

ネット、そしてスマホの普及で、私たちは24時間、人や情報とつながれるようになりました。中高生の生活でもそうです。ＬＩＮＥをはじめとしたＳＮＳによって、自宅でも学校の友人とつながるようになりましたし、自分の趣味に関する記事や動画も、自分が好きな時間、好きなだけ見られるようになりました。

ＳＮＳ一つとっても、中高生はツイッター、インスタグラムなどを用途によって使い分けます。情報収集に使うツイッターでは学校用、趣味用など、複数のアカウントを使いこなし、アルバム的に使うインスタグラムに載せる「映《ば》える写真」を撮るために知恵を絞っています。

24時間という与えられた時間は同じなのに、どんどんやれること、やりたいことは増えていく。となれば、今までやってきたことの時間を短くするしかない。「時短」「効率」といった価値が重視されるのは、そうした背景があると思います。

加えて、ウェブ上では日々、様々なサービスが生まれては消えていっています。

先ほど例に挙げたＳＮＳもそうだし、調べものについても言えます。最近はウェブでリサーチをした上でリポートを出させる先生も増えていますが、そもそもウェブ上には、よりどりみどり膨大な量の情報が載っています。しかも中には不正確な情報もあって、どこから手をつけていいのかわからない。

「ネットの世界はわからん」と最初からあきらめている人は別として、実は現代人は便利さが生んだタスクと情報の洪水にさらされています。さて、二つの洪水にのまれないようにするためにはどんな力を身につけなければならないのか。みなさんも少し考えてみてから、先のページに進んで下さい。

「ネットでニュースを読む」か「新聞でニュースを読む」か

新聞に対する信頼があるからなのか、学校の先生方から「ネットではなく、新聞を読む大切さを生徒たちに教えてほしい」という相談をよく受けます。

でも、なぜネットではなく新聞を読むべきなのでしょう。これについては子どもたちのためにも少し考えを整理する必要があると思っています。

よくある意見は先にも触れた「フェイクニュース問題」。ネットにはウソの情報や一方的で無責任な言論が飛び交っているという議論です。

ただ、想像に難くない話だと思いますが、新聞記者もその信頼できないはずのネットを情報収集に活用しています。公的機関や信頼できる民間調査機関がオープンにしている情報はネットで入手して記事の中で引用していますし、ニュースの解説をお願いする専門家もネットや自社の過去記事データベースを検索して探すことがほとんどです。そもそも新聞社自身がネットでニュースを配信しています。

私たちは「ニュースはネットで十分」という人にも、「ネットより新聞を読むべきだ」という人にも、次のような提案をしています。

新聞とネットのいいとこ取りをするのが一番賢い消費者です。

ちょっとだけ言い方を変えただけなんですけどね（笑）。

さらにこじゃれた言い方をすれば、「ネットでニュースを読む」と「新聞でニュースを読む」はゼロ・サムの関係ではない、という感じでしょうか。

どうしても作り手側は相手からの対抗心からか、ゼロ・サムっぽい勧め方をしてしまうので、「ネットVS新聞」みたいな構図になってしまうのですが、実際にはネットにも新聞にもそれぞれ長所があって、消費者の立場からすれば、せっかく自分のお金と時間を投資するのであれば、それぞれの良い所を活用すればいいだけのことです。

では、新聞とネットの長所とはどんなものなのか。左ページの表3にまとめてみました。

私たちが考える新聞の長所は「一覧性」と「プロによる価値判断」です。新聞の1面を見ていただければ、おわかりになると思いますが、新聞はパッと開くと、様々なニュースが「見出し」という形で目に飛び込んできます。

見出しの大きさはそのまま、その記事の「重要度」です。新聞社では日々、飛び込んでくるニュースについて、世の中にとって、読者にとって重要なニュースは何かを、経験豊富なニュースのプロが考え、価値判断をし、紙面に落とし込んでいきます。

読売新聞の朝刊であれば、毎日午後5時に「立ち会い」と呼ばれる編集会議が開かれ、翌日の朝刊のラインアップを決めていきます。その後も新しいニュースが入ってくる度に

【表３】新聞とネットの長所と短所

新　聞	ネット
【長所】 ・一覧性がある ・プロがニュースの価値を判断 ・正確性・信頼性がある ・専門性の高い記者による解説	【長所】 ・圧倒的な速報性 ・圧倒的なニュースの本数 ・いつでも好きな情報が読める ・動画なども交えた表現 ・基本、無料
【短所】 ・速報性に劣る ・有料 ・持ち運びに不便	【短所】 ・正確性・信頼性に欠ける記事も ・ニュース価値の判断は自分で

紙面レイアウトを作り替えていきます。

ただ、紙面のスペースは限られています。急に大きなニュースが入ってきた場合は、最初は１０００字載っていたトップ記事が、最終的に５００字に削られる、場合によっては「預かり」と言って、載らないことも起こります。

つまり、新聞って、世の中で日々、起きているニュースを、ある一定のスペース内で重要度順に紹介するメディアなのです。

紙という限られたスペースがポイントで、スペースに限界があるために、無駄な情報はそぎ落とされていきますし、パッと見た時、これが重要、というニュースが目に飛び込んでくる仕掛けになっています。よく新聞の長所として、「いままで興味がなかったニュースと出会える」という意見が上がりますが、まさにその根底にあるのが、一覧性と見出しによる明確な価値判断なのです。また、新聞を読めば、とりあえず世の中的に知っておいて損はない話は基本的にカバーできます。

では、逆にネットの良さとは何か？

まず圧倒的な速報性です。そして、ニュースの本数も政治、経済、国際、社会、エンタメ、スポーツ、どの分野でも圧倒的に多いです。ちなみに筆者の一人である藤山は山口県出身でサッカーＪ２リーグのレノファ山口の大ファンなのですが、Ｊ２のチームの情報なんて、地元にいない限り、ネットで手に入れるしかありません。

ただ、多くのニュースアプリ、ニュースサイトでは、ニュースはほぼ1行の見出しで並べられており、新聞のような、プロによる――見方を変えれば「一方的な」と言ってもいいかもしれませんが――価値判断はありません。

理由は様々あるでしょうが、そもそもニュースはリアルタイムでどんどん飛び込んでくるものなので、新聞のようにいちいち、「これはトップ記事で、これは2番手で……」なんてやっている暇はあるわけありません。せいぜい可能なのは、注目度が高そうで、ユーザーがクリックしてくれそうな記事を上の方に置くぐらいでしょうか。しばらくネットを見なければ、重要な出来事を見逃すということもあるでしょう。

私たちはネットの長所は、自分がほしいと思う情報をいち早く、深く得られること、だ

【表４】１０代に薦めたいメディアの「いいとこ取り」

	このメディアの良いところ	こんな場面でオススメ
新　聞	・重要なニュースをプロが判断 ・接点のなかったニュースとの出会い	・基礎的なメディア・リテラシーを鍛えたい ・知っておくべき世の中の情報を効率的に集めたい など
ネット	・自分が知りたい情報を深く知れる ・自分仕様のカスタマイズも可能 ・世の中の人々の興味関心が即座に分かる	・興味・関心のある情報を深く調べたい ・興味・関心のある情報を効率的に集めたい など

と考えています。速報性はもちろん、スペースに限りのある新聞と違って、ネットには膨大な情報があふれています。自分の興味のある情報をとことん知る、とことん調べることが可能です。ただし、ネットを利用する上では、その情報の信用性や真贋《しんがん》を見極める「リテラシー」が必要になります。

これまでの話をまとめると、ネットと新聞のいいとこ取りの方法はざっくり表４のようになります。

堅い話が長々と続き、ちょっと飽きたという読者の方もいらっしゃるでしょうから、ここで小論文っぽい問題を出してみましょう。

【問題】

小中高生がメディアリテラシーを高める上で、ネットと新聞、どちらを先に教材として活用すべきか。表４を参考に、あなたの考えを述べなさい。

さぁ、どうでしょう。みなさんの頭の中にどんな答えが浮かんだのか。「○○だから。」という一文だけでもいいので、考えてみて下さい。

新聞は「初心者向け」メディア

新聞は実は、世の中のことを知ったり、メディアリテラシーを身につけたりする上で「初心者向け」のメディアだと私たちは考えています。

「新聞＝古い／大人向け」「ネット＝新しい／若者向け」という先入観でつい見落としがちになってしまうのですが、世の中で起きていることについて、自分なりに考えることができるようになるには、世の中の動きに関する基本的な知識が必要です。

いま何が起き、いま世の中は何に関心があり、将来、どんな方向に向かおうとしているのか。そうしたことを考えるベースになる情報をニュースのプロが無駄なくざっくり選んでくれるのが新聞なのです。この章の最初でも話しましたが、世の中の動きを効率的に集められるメディア。それが紙の新聞です。

対して、ウェブはニュース上級者向けのメディアです。日々、リアルタイムに更新される膨大なニュースの中から、自分にとって重要な情報をピックアップするのは大変なことですし、それだけではなく、その情報が信用できるかどうかのリテラシーも求められます。最近のウェブメディアでは、ユーザーの好みを分析して、そのユーザーが好きそうな記事を目立つ場所に置いていることが多いです。これでは知識に偏りが生まれる恐れがあります。

学校の教科書とは違って、ネット上には膨大な情報と多様な意見があふれかえっています。誰がどんな考えで、どんな情報を流しているのか。スマホの画面に映るその先を想像できる目がなければ、効率的に情報を集めるのは難しいばかりか、デマにだまされてしまう、なんてことも起きるかもしれません。

一つ、たとえ話をしましょう。

レストランでワインを注文しようとしたときに、分厚いワインリストを手渡され、「どれにしますか?」って言われたら、みなさんはどう感じますか?

ワインに対する知識やこだわりがない人はきっと困惑しちゃいますよね。「いや、細かい銘柄とかわからんし……」という声もあるでしょうし、そもそも、リストに載っている値段が適正なものかどうかも分かりません。

逆にワインに詳しい人であれば、分厚いワインリストは苦にならないし、むしろ情報量が多い方が楽しめるかもしれません。リストの中から自分の好みや料理に合うワインを探したり、場合によっては、見たことがない未知のワインに挑戦したりして楽しむこともあるでしょう。

つまり、新聞は新聞社がニュースのソムリエになって、読者のみなさんに世の中で起きている出来事を、責任をもって伝える媒体なのです。特にＫＯＤＯＭＯ新聞や中高生新聞といった、世代ごとに作られている新聞は、それぞれの世代に必要な情報を厳選して紹介することを心がけています。

長くＫＯＤＯＭＯ新聞、中高生新聞の編集に携わってきた記者として、最も理想とする目標は、読者のみなさんが、新聞を通じて、ウェブを含め、様々なメディアを使いこなせる基礎的なメディアリテラシーを培い、将来、自己実現を果たしてほしいということです。

「昭和の人生すごろく」の終焉とメディアリテラシー

少し話がそれますが、「自己実現」と「メディアリテラシー」という言葉が出てきたので、これからの社会でメディアリテラシーが求められる理由について、記者の立場から考えていこうと思います。

いま、日本の教育は大きな転換点を迎えています。ざっくり言えば、従来のような「正解を素早く、正確に導き出す力」よりも、「正解のない問題に主体的に取り組める力」を伸ばす教育に変えていこうという流れです。その中でも具体的に注目されているのが、「思考力」「判断力」「表現力」といった力ですね。

でも、なぜ国はそのような力を伸ばそうとしているのか。

いろいろ理由はありますが、私たちが出前授業で中高生や先生方に問いかけているのは、「あなたが今、描いている将来の夢は、20年後も今と同じように存在すると思うか」ということです。

人工知能（ＡＩ）を含む科学技術の進歩で、私たちの暮らしは急激に進化しています。この傾向は今後も加速度的に進む見通しで、野村総合研究所とイギリス・オックスフォード大学の共同研究では、10～20年後には、日本の労働人口の49％が就いている職業がＡＩやロボットに代替されうるとの試算も出ています。

つまり、私たちが今、見ている社会は子どもたちが大人になる頃には大きく姿を変えている可能性がある。ＡＩによって代替される職業もあれば、技術の進歩で新たに生まれる職もあるでしょう。さらに、２０２０年には新型コロナウイルス問題が発生。私たちの暮らしや働き方は大きく変わりました。10代にとって、いわゆる「昭和の人生すごろく」のように、良い大学に行って、良い企業に就職して、結婚して、子どもを作って、定年まで働く――みたいな未来予想図を描くことはますます難しくなっています。

この急激な変化の波にどう対応すべきなのか。答えはすごくシンプルです。自分の責任で考え、自分が正しいと思う答えを導き出すしかない。１００人いれば１００通りの答えや考え方が生まれるでしょう。

国が「正解の決まった問題を解く力」から「正解のない問題に取り組む力」を伸ばそうと考えているのは、まさにそうした変化に対応できる人間にならないと生き残れない社会が、現実問題としてすぐそこに来ているからにほかなりません。しかも、そもそも「正解の決まった問題を解く力」はＡＩの最も得意とするところ、ですよね。

正解のない問題に取り組む＝不確定な未来を見通すためには、答えを導き出すための材料（引き出し）が必要です。正しい情報や自分に必要な情報を適切に取捨選択できるメディアリテラシーはその材料探しの基盤になるもの。子どもの頃から習慣的に鍛えておくべき「生きる力」の一つだと思います。

そしてそうした力が、子どもたちに世の中のことを教える先生、そして親にも求められるようになっていることは言うまでもありません。

正解のない問題に取り組む力ってどんな力？

以前、中高生新聞の編集室が、ある県の進学フェアで大学入試改革・教育改革と新聞の役割についてお話をさせていただいたことがあります。保護者の中には、これからの時代は「正解のない問題に取り組む力が求められる」という認識は持っていらっしゃいましたが、では、そうした力が具体的にどんな力なのか、いまいちイメージできないという方も多くおられました。

ある意味、それこそが「正解のない問題」そのものなのですが、ＫＯＤＯＭＯ新聞流・中高生新聞流にかみ砕いて考えてみたいと思います。

以下の文は、２０２０年度から始まった「大学入学共通テスト」の国語について、かつて文部科学省が示した実施方針から抜粋したものです。当時は国語と数学で記述式問題が導入される予定で、その後、延期が決まったのですが、「正解のない問題」について国がどう考えているかが、色濃く反映されていると思うので引用します。

多様な文章や図表などをもとに、複数の情報を統合し構造化して考えをまとめたり、その過程や結果について、相手が正確に理解できるよう根拠に基づいて論述したりする思考力・判断力・表現力を評価する。

設問において一定の条件を設定し、それを踏まえ結論や結論に至るプロセス等を解答させる条件付記述式とし、特に「論理（情報と情報の関係性）の吟味・構築」や「情報を編集して文章にまとめること」に関わる能力の評価を重視する。

（文部科学省「大学入学共通テスト実施方針策定に当たっての考え方」（1）国語より、傍線著者）

……なんとも抽象的な言葉が並んでいますね（笑）。

ここで述べられている記述式問題の導入は結局、見送りになったものの、この文章には、大学入試改革で求められる「正解のない問題に取り組む力」についてのヒントが盛り込まれています。ポイントは大きくわけて二つ。

▼「複数の情報」を「統合」「構造化」する。

▼「相手が理解できる」ように「編集」する。

ということ。要は自分の目の前に与えられた複数の情報をまとめ、一つの形にし、価値ある別の何かにしてアウトプットするということです。

これって、どういう能力なのか？　進学フェアで保護者向けにお話をさせていただいたときは、料理に例えてみました。

今までの「正解のある問題を正確に解く能力」を試す問題は、例えるなら、「ハンバーグの作り方について、誤っているものを次の選択肢の中から一つ選びなさい」とか「チャーハンの作り方を述べなさい」という問題です。

では、「正解のない問題に取り組む能力」を試す問題を料理で作るならどうでしょう？

例えばこんな問題ではないでしょうか。

「冷蔵庫の中身を見て、今日の夕飯を作りなさい」

何を作るかは冷蔵庫の中身次第（＝複数の情報）。冷蔵庫の中にあるものを使って、自分で料理を考え（＝統合、構造化）、実際に作って相手に出す（＝編集）。冷蔵庫の食材を使うという条件を満たせば何を作っても正解です。これに「ただし、おばあちゃんは固いものがかめないものとする」みたいに、誰に食べさせるか、という条件を加えるとさらに問題の〝難度〟は増すかもしれませんね。

ここで注意してほしいのは、こうした問題を解くにはやはり基礎的な知識や教養は今まで通り必要になる、ということです。冷蔵庫の中身を見て料理を作るのでも、料理に関する基礎知識は絶対、必要ですよね。

自分の引き出し＝基本的知識をどれだけ増やし、それを使いこなせるか。大学入試改革、そしてこれからの世の中を生き抜くために必要となる力は、基礎知識を「応用する」という部分に尽きると言えるかもしれません。

「出し手」側としてのメディアリテラシー

メディアリテラシーと言うと、受け手側が情報をどう読み解くか、という側面ばかりが注目されます。しかし、これからの時代、同じぐらいに重要になってくるのが、情報をどう発信するか、という「出し手」側としてのリテラシーです。

情報の出し手が限られていた過去と違って、ネットが普及した現代社会では、誰でもＳＮＳやブログなどを通じて、情報の出し手になれます。自分の意見を気軽に表明できるのはいいことだと思いますが、情報を発信する側には素人であろうとプロであろうと、責任が伴います。特にネットの世界では一度発信したことが、瞬時に世界中に広まります。自分たちの発信する内容が受け手側に正しく伝わるか、人を傷つけたりしないか、他人に迷惑をかけないか、発信する前にしっかり考えなければなりません。

コンビニや飲食店のスタッフが食べ物で悪ふざけする動画をＳＮＳに投稿して炎上した、なんてニュースをよく聞きますが、本人たちは「内輪受《うちわ》け」のつもりでも、ＳＮＳに載せて発信された瞬間に、それは内輪の話ではなくなります。極端な話、新聞やテレビで情報を流すのとなんら変わらないのです。

私たちも、新聞記者になって20年前後たった今でも、入社後、初めて書いた記事のことは覚えています。例えば、藤山の場合は「車庫が焼けた」というものすごく小さなスポット記事だったのですが、数字や地名が間違っていないか、最後まで不安でしょうがありませんでした。１面のトップの特ダネ記事を書いた時もそうですね。正直、うれしさよりも、間違いがなく、フェアに書けているかどうか、翌日の世間の反応が気になってしょうがありません（笑）。

最近は企業広報でもＳＮＳを利用するケースが増えるなど、仕事でも日常的に発信する力が求められることになります。将来、社会人として活躍する上でも、情報の出し手になる力は身につけておきたいところです。

情報の「分かりやすい伝え方」はこれまで第２章から第４章で述べてきたところです。情報の出し手として、この他に気をつけることがあるとすれば、以下のようなところでしょうか。

①　人を傷つけたり、不快にしたりする表現、差別的な表現が含まれていないか。
②　発信する情報が間違っていないか。公正な情報を論拠としているか。

「当たり前だろ」と思うかもしれません。ただ、ＳＮＳでの不用意な発信で謝罪に追い込まれるケースの多くが「配慮が足りなかった」という①に深く関わるものです。

そもそも、はじめから人を傷つけるつもりで情報発信をする人なんて、ほとんどいないわけです。この問題の怖いところは、自分は問題がないだろうと思っていた表現・内容が実は……というところにあります。こうしたトラブルに巻き込まれないためには、様々な立場の受け手の存在を意識できるかどうかが重要で、そうした力は社会経験や世の中に対する広い知識をベースに培われていきます。

手前味噌と言われるかもしれませんが、発信する力を高める上でもやはり、子どもの頃から世の中を知る、ということは役に立つことだと思います。

ネットの言葉狩りと発信する側に求められる姿勢

ＫＯＤＯＭＯ新聞、中高生新聞とは少し離れてしまいますが、自分は問題がないと思っていた内容がネット上で思わぬ反応を受けた例を一つ紹介します。

ご覧いただくのは、藤山が編集に一部関わった読売新聞オンラインの連載コラム「元ヤン子育て日記＠ＴＯＫＹＯ」からの引用です。コラムの主役は、田舎でごりごりのヤンキーをやっていた専業主婦の女性。夫の転勤で友達も親類もいない東京で専業主婦として子育てを始めることになり、そこで感じた幸せや葛藤、孤独などについて、つづっています。ニュース配信先のサイトのコメント欄で、発信者側に思わぬ反応が寄せられたのは、新型コロナウイルスによる自粛生活で思ったことについて書いた以下の回（２０２０年４月30日掲載）です。

コロナで外出自粛、娘はかんしゃく……不安な私に毎日出勤の夫がつぶやいた言葉

新型コロナウイルスの感染拡大で長期間にわたる外出自粛を求められることになった今年の春。友達も知り合いもほとんどいない東京で子育てに奮闘する地方出身の元ヤンキー、アッコさんも我慢、我慢の生活を送っています。人気連載「元ヤン子育て日記@TOKYO」の8回目のテーマは、見えない敵との闘いで見えてきたこと。

◆

新型コロナウイルスがめちゃくちゃ流行《はや》っている。

毎日のようにテレビや新聞でコロナ、コロナ、コロナ……！　もう何度、聞いたことだろう。「コロナ」という言葉が体の中にドンドンたまっていくような気分で、さすがに疲れてきた。

東京はガチでヤバい。外出自粛を続けているのに、いまも毎日感染者が出て、ウイルスとの一進一退の攻防が続いている。日に日に「新型コロナウイルス」への恐怖心は強くなってきて、4月に入ってからはずーっと家にいるか、買い出しに行くだけの日々を送っている。

コロナの感染拡大の影響で、世間ではテレワークの会社が増えたらしい。でも、目の前にいる夫は仕事柄、緊急事態宣言が出た後も、これまでと変わらず、電車に揺られ、毎朝出勤している。「じゃあ、行ってくるわ」。大きな顔に頼りなげなマスクをつけ、家を出る夫を、私はいつも不安な気持ちで送り出す。

◆

「うわあぁぁぁぁぁ！」

ある日の朝。普段は寝起きの良い娘が、布団の中で突然、大声で泣きわめき始めた。何事かと思って見ていると、彼女は布団から出て、「ドアを開けて！」と言わんばかりに寝室のドアを叩《たた》き始めた。慌ててドアを開けると娘はリビングにダッシュ。転がっていたゴムボールを蹴り飛ばし、さらに大声で泣いた。

う〜む。コロナが流行してから、自宅ごもりが続く娘のストレスは爆発寸前。家での遊びって言ってもなぁ……。

お絵かきや折り紙、ねんどやボール遊び。

いいかげん飽きてきたし、大人の私も楽しむには限界がある。

良くないと思いながら、大好きなテレビを見せる時間が増えた。でも、それも影響しているのか、娘はさらにワガママ放題に。いや、私もきつい。

「もぉー！　これはしちゃダメでしょ」「やめてよ！」と声を荒らげることが多くなった。

何でも「ダメ！」という育て方をしたくなかっただけに、自分のふがいなさに落ち込む。

週に1回だけの買い出しは、気を使うけれど息抜きにもなる。だけど、下町にある我が家の周囲は人が減っているようには思えない。近くのショッピングセンターには休校中の子どもたちや、ヒマを持て余したおじいさん、おばあさんがたくさん。近くのドラッグストアには、朝からマスクを買い求める人たちがずらーっと並ぶ。

初めて外出自粛要請が出たときなんて、スーパーは人であふれかえっていた。ほんと、レジに並んでいるのか、品物を選んでいるのか分からなくなるくらい。

インターネットでは買い占めに対する批判が噴出していたけれど、他の人に生活の必需品を買い占められてしまっては、我が家は買うことができない。「誰も助けてくれないんだ！」と思うと、自然と目の前の棚に手が伸びてしまう。

「夫や子供が感染したら？」「重症化して家族が死んだらどうするんだ！」「テレワーク増やして外出減らす法律作れよ！」

娘とおままごとしながらテレビに怒ってみるが、返事は誰からもない。

◆

それでも夫は毎日、スーツを着て、仕事に行く。

自粛生活が始まってしばらくたったある朝、いつも通り家を出ようとした夫に、私は思わず、「こんなに私が不安で心配なのに。感染したらどうするの⁉」と口走ってしまった。

すると、夫は一瞬、申し訳なさそうな表情を浮かべて言った。

「まぁ、世の中が大変な時に大変になる仕事だから仕方ない。行ってくるよ」

「もう、知らない！」。認めたら負けな気がして、悪態をついて送り出してしまったことを後悔しつつ、ある言葉が私の心に深く刻まれた。

「世の中が大変なときに、大変になる仕事」

そうか。病院ではいま、お医者さんや看護師さんが身の危険を冒して新型コロナの患者さんの治療にあたっている。食材を買うためのスーパーも開いていて、食材を作る人たちも仕事をしている。

こうした緊急事態の中でも、私たちの暮らしに必要不可欠なものってたくさんあって、そのためにどんな状況でも働かなければならない人がいる。逆に、休業要請に応じて、働きたいのに働いていない人も。そして、そうした人を支える家族がいる。

みんな、誰かの「当たり前」の暮らしを守るために頑張っているんだ。

そのやりとりをしたのは、ちょうど食材が切れる日。その日、私と娘は外に出ず、ネットスーパーを利用した。

私ができることはできるかぎり外出をせず、娘を守り、夫を待つこと。その日はいつもより少し大きなハンバーグを作った。

筆者（アッコさん）プロフィル

1993年生まれの26歳。中部地方出身。中学時代は「学校がつまらない」と授業をサボり、成績はオール1。その後、私立の専修学校に進学するも不真面目な素行に加え、成績もふるわず、ヤンキーへの道一直線。卒業後、一度は医療事務の仕事に就いたが、遊びたい気持ちを抑えられず退職。職を転々としていたところ、会社勤めをする夫と出会う。都内で夫と1歳の長女と3人暮らし。

みなさんはこの記事を読んでどうお感じになったでしょうか。

この記事は炎上とはいかないまでも、ネットのコメント欄は相当、荒れることになりました。最も多かったのは「認めたら負けとか言う前に、夫に言葉で謝罪すべき」「大変なのは夫の方のはずなのに、あの発言は許せない」という意見。「家にこもりきりになる必要はない」「散歩ぐらいは、1日1回は行かせるべき」「無知がこうした誤った自粛を生む」という趣旨の声もありました。それぞれオブラートに包んでまとめましたが、そうした意見の中には、筆者の人格を全否定するような言葉がついている例もたくさんあります。

いま、振り返れば、配慮の足りない部分が多かったと思います。「世の中が大変なときに、大変になる仕事」をする人とその家族の複雑な心境を伝えようとしたこの原稿には、普通の新聞記事と違って、行間を読んでもらうことを前提とした〝あそび〟の部分が設けられています。そして、批判の大部分はその〝あそび〟の部分に起因していました。

まず「家にこもりきりになるのはよくない」という意見。おそらく新型コロナウイルスへの行きすぎた恐怖心や自粛に疑問を感じていらっしゃる方からの意見だろうと思います。「日に日に『新型コロナウイルス』への恐怖心は強くなってきて、4月に入ってからはずーっと家にいるか、買い出しに行くだけの日々を送っている」という部分と、最終段落の

「私ができることはできるかぎり外出をせず、娘を守り、夫を待つこと」という表現の部分がひっかかった、ということなのでしょう。

ここの部分、筆者も編集者も正直、発信する際に深く意識することはありませんでした。そもそもこの原稿では別に「感染拡大を防ぐためにみんな家にいるべきだ」と訴えるつもりは全くなかったわけですから……。誰も経験したことのない危機の中で、自分なりにできることを考えた彼女の結論が、「できるだけ家にいよう」というだけのことです。それが正解なのか、正解でないのか、は、人それぞれの考え方でしょうし、そもそも、どう行動するのが正解かという答えを持ち合わせていた人はその当時、いなかったと思います。

ここでは、「ずーっと」とか「できるかぎり」という表現がまずかったのかもしれません。いろんな取り方ができる言葉で、書き手の立場からすれば、「基本的に」という意味合いで使っていたにもかかわらず、自粛という世の中の風潮に批判的な立場の人たちからみれば、違う文脈で読めてしまう。訴えたいこととは全く別の部分に読者の意識を向けてしまったという意味では、編集者としてのミスだと反省しました。

次に「夫に謝れ」「大変なのは夫の方」という意見。ご親切に夫に離婚まで勧めてくれた人もいました（笑）。

確かに文中に「謝った」とは書かれていませんが、「謝っていない」とも書かれていいません。この日、大きなハンバーグを作った後、夫婦はどんな会話を交わしたのでしょうか。そして、夫に思わずひどい言葉を口走ってしまったときも、筆者は夫の仕事の大変さに思いをはせていなかったでしょうか。さらに言えば、生活することの大変さにおいて、夫婦を比べることってできるのでしょうか。少なくとも、筆者は「夫より自分が大変」とは一言も書いていません。

筆者も編集する立場も当初、こうした危機の前では、不安な気持ちになるのは当然だし、誰も正解は分からないけれども、一人の人間として何を思い、何ができるのか、自分なりの立ち位置で考えてみよう、という話をしていたのですが、これも全く違う文脈で受け取られる方が少なくなかったようです。そもそも、筆者自身が「言ってはいけないことを言ってしまった自分」について、自戒を込めて語っているという前提すらも伝わっていないのだと感じさせられるような例もありました。言葉が足らなかった部分もあったのでしょうが、文章全体の流れではなく、原稿の中に出てきた一言や一場面で全てを判断されることも少なくないのだな、と感じました。

「あくまで一部の人の意見だし、細かいこと、気にしすぎじゃない?」と思われる方もいるかもしれません。ただ、ここで注意したいのは、ネット上では一義的に、そこに書かれている言葉が全てであるということです。

有名人のブログやツイッターなど、実名が前提の文章であれば、読み手はその人物の経歴や普段の発言など、さまざまな背景を含めて、その文章を読解しようとします。

しかし、ネット特有の匿名性の高い情報は少し違います。どんな人が書いているかが分からなければ、その言葉の奥底にある背景や意味を想像することは難しい。自然と受け手の意識は、言葉そのものに集中することになります。ましてやネット上では膨大な情報があふれています。自分が興味のある分野の話を除けば、よほどリテラシーが高くない限り、受け手がいちいち深く想像力を働かせることはありません。

最近は、人の発言の一部を切り取って批判する「言葉狩り」がどんどんひどくなっていると感じておられる人も少なくないと思いますが、それはある意味、起こるべくして起きた現象と言えるでしょう。なにせネット上では無数の人が毎日、膨大な情報に触れ、そこに書かれている言葉に対し、瞬間的に、しかも感覚的に反応を繰り返しているわけですから。

やっかいなことに、ツイッターのような拡散性の高いＳＮＳの登場で、ポジティブな反応もネガティブな反応も、そこに深い読解や洞察が加えられることなく、ポチッとリツイートのボタンを押すだけであっという間に広がっていきます。同時に、ネットの匿名性はそうした瞬間的で感覚的な自身の感想を書き込むという行為へのハードルも下げます。時にその言葉は人を傷つける暴力性を伴うこともあります。被害者にも加害者にもならないために、発信する側に求められるリテラシーは今後、ますます重要になってくるでしょう。もちろん、多様な価値観が生まれている今の世の中で、反発や批判を恐れていては何も書くことができなくなります。

情報を発信する際のトラブルを避ける最も簡単な方法は、複数の第三者に見てもらい、感想を聞くことだと思います。例えば、男性記者が、女性から寄せられた悩み相談についての原稿を編集することになったら、複数の女性に事前に読んでもらう。そうすることで、不快に思う表現などはチェックできますし、女性の立場から見た視点を原稿に盛り込むことができます。「自分がこの原稿で何を言いたかったか、わかる？」と聞いてみてもいいかもしれません。

新聞社では、一つの記事が発信されるまでに、記者↓先輩記者（キャップ）↓デスク↓レイアウト担当の編成記者↓校閲……と何人もの目を通しています。ものすごく労力がかかることですし、それでも間違うこともあるのですが、情報を発信する側としての責任はそれほど重いし、細心の注意を払う必要があります。

第5章
新聞活用法

マンガでも上がる？　読解力

ここまでＫＯＤＯＭＯ新聞と中高生新聞の編集方針や編集上の工夫についてお話してきました。ここからは大人向けの新聞を含め、授業や家庭での新聞活用法について、私たちが考えることをお話していきます。

「新聞を読むと学力が上がる」――。よく新聞社が使う宣伝文句です。確かに、小学6年生と中学3年生を対象にした2019年の全国学力テストに合わせて実施されたアンケート調査の結果（**図1参照**）によると、新聞を読む子の方が小学生でも中学生でも正答率が高い。だから、学力を上げる一つのツールとして新聞を活用しよう、となるのですが、正直、私たちは「そもそも学力が高くなければ、新聞は読めないのでは」と思っていました（笑）。

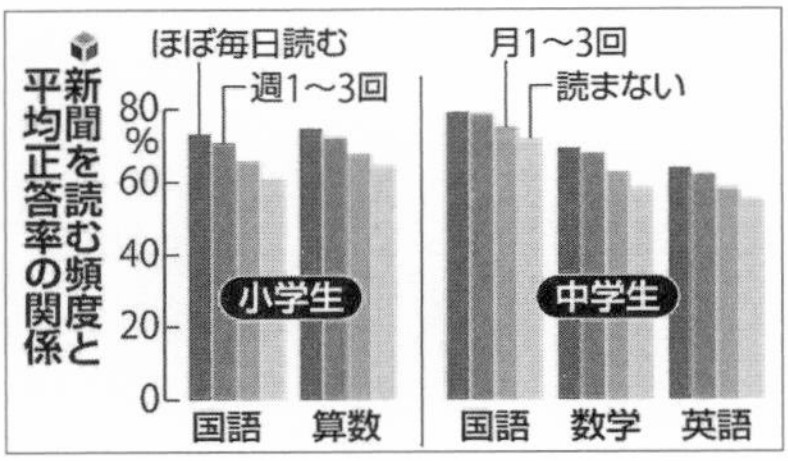

【図１】文部科学省「全国学力・学習状況調査」２０１９年より作成（２０１９年８月１日付「読売新聞」）

ただ、「読売中高生新聞」2019年12月13日号にはこんな興味深い図（**図2参照**）が掲載されました。これは、経済協力開発機構（ＯＥＣＤ）が2018年に世界の15歳を対象に実施した国際学習到達度調査（ＰＩＳＡ）に合わせて行われたアンケート調査の結果です。この調査では日本の「読解力」が15位となり、前回の15年調査の8位から大きく順位を下げたことが話題になりました。みなさんは、この図から、どんな気づきがありますか？

最も平均点が高かったのは、「1か月に複数回、小説や物語といったフィクション作品を読む生徒」と「1か月に複数回、新聞を読む生徒」。そこまではさもありなんといった感じ。ただ、なんと、マンガを読む生徒も読まない生徒より平均点が高い!!

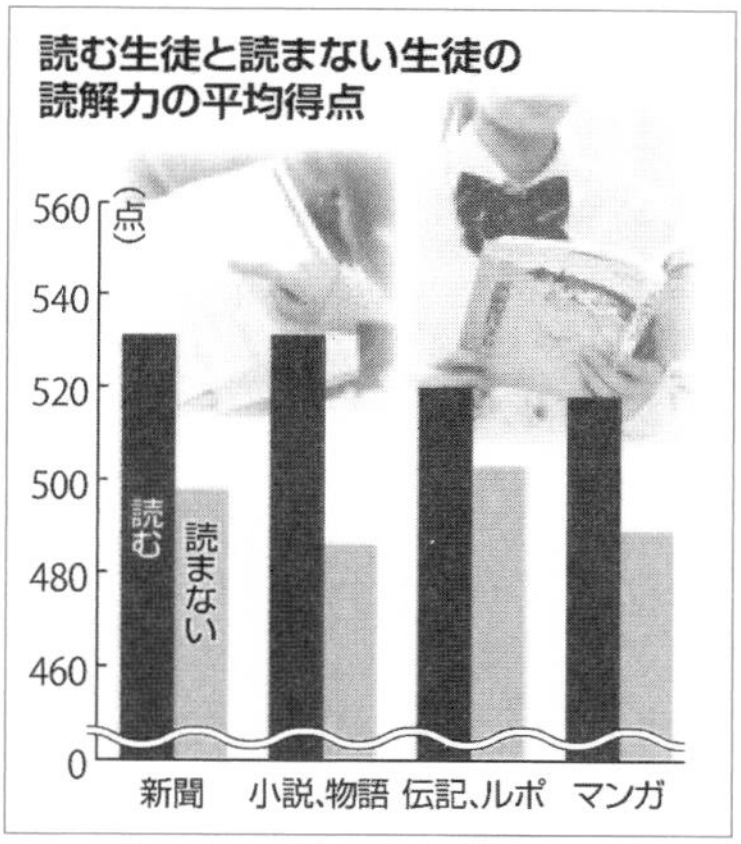

【図２】ＯＥＣＤ「国際学習到達度調査」２０１８年アンケートより作成（２０１９年１２月１３日号「読売中高生新聞」）

読解力が低くなっているのは、ＳＮＳでの短文でのやりとりに慣れ、小説や新聞など長文を読んでいないからだ、という意見があります。でも、小説や新聞ほどではないにせよ、マンガを読む人も読解力が高いことをどう説明すればいいのでしょうか。

私たちは、「読解力」とは「相手の言っていることを理解する力」と考えています。相手が何を訴えようとしているのか、相手は今、どんな気持ちなのか、そこで今、何が起こっているのか、について、自分なりに考え、分析し、読み解く力です。小説の描写から想像を膨らませる、新聞記事の行間からその出来事の背景を考えるといった行動はまさに読解ですし、マンガでセリフが一言もないコマから登場人物の気持ちを考えるのも立派な読解のトレーニングになるのではないでしょうか。

第2章で「共感」が「分かりやすさ」を生み出す最高のスパイスになるという話をしました。それは作り手の立場から見たことで、読み手側も実は小説や新聞記事、マンガを読み味わうとき、無意識のうちに相手を理解する行動＝読解を繰り返しているというわけです。最近の10代はよく「コミュ力」という言葉を使いますが、こうした相互作用を考えれば、読解力とはまさに「文字を通したコミュ力」そのものと言えるでしょう。

新聞で読解力が上がるワケ

ただ、マンガでも読解力向上のトレーニングになるとは言え、やはり新聞の方がＰＩＳＡに合わせて実施されたアンケート調査の結果でも、読解力の向上につながるという結果が出ています。

長い文章に慣れる、とか、論理的な文章構成に触れられる、とか、新聞には読解力を向上させてくれる様々な良さがありますが、根本的なメリットが忘れられがちな気がしています。文章の背景を理解する際に使う自分の〝引き出し〟を増やせることです。

相手の言っていることを理解したり、解釈したりする土台になるのは、個々人が持つ経験や知識です。外国のジョークが理解できないって経験、みなさんにもあると思いますが、その多くは相手の文化的背景を理解していないことが原因です。新聞記事も同じで、親の介護を経験すると、介護に関する記事が今までと全く違う見え方をするようになります。「へ〜、こんなことが起きたんだ」「この人、面白い！」「なんだか私は納得できない」――。記事を読んだ一つ一つの心の動きは、読解力の基礎となる〝引き出し〟を広げることにつながります。学力と読解力をひとまとめにして語ることは少々、乱暴かもしれませんが、読解力が学力の基礎であるとするならば、新聞で多様な記事に触れ、心を動かすことは間違いなく学力の向上に資するはずです。

一目で分かる――新聞を読んでる子、読んでない子

授業で新聞を活用することをＮＩＥ（Newspaper in Education）と言います。すでに述べた通り、新聞には、知識や教養を高める効果のほか、読解力向上など様々な効能があるので、教育現場でもどんどん活用してほしいと思うのですが、中高生新聞の創刊準備をしている際、近い将来、このＮＩＥは成り立たなくなるのではないかと本気で心配しました。

というのも、そもそも新聞を読んでいる先生方が減ってきている。新聞を読んでいないのに、新聞を授業で活用するなんて無理な話ですよね。

もっと心配なのが、家庭で新聞を取っている人の割合が減ってきていること。とある都内の公立中学校の先生は「家で新聞を取っている子が半分にも満たないので、気になる記事を切り取って感想を書いて持ってこい、という授業は成り立たなくなった」と話しておられました。

若い人に新聞に親しんでもらうのにも、相当な工夫が必要です。

若者向け新聞の編集者をやっていると、新聞を読み慣れている子と読んでいない子を瞬

時に見分けられるようになります。

やり方は簡単。新聞を手渡して読んでもらえばいい。読み慣れている子は１面の見出しにサッと目を通し、ぱらぱらと新聞をめくり始めます。では、読み慣れていない子は？　はい。ご想像の通り。１面のトップの記事から小説を読むように一字一句漏らさず読もうとします。

クラス単位で見ると一目瞭然です。新聞を読み慣れている子が気になる記事を見つけ、読み終えている頃、新聞を読み慣れていない子はまだ１面の政治や経済といった、若い人がとっつきにくい記事で四苦八苦している。多様な話題が一覧で載っているのが新聞の魅力なのに、これじゃあ、なかなかその良さを感じてもらうことはできません。

必然的に、新聞社が開く出前授業で記者が最初に伝えることは、「新聞はどこから読み始めてもいい。パラパラめくってみよう」という読み方の解説になります。

新聞は本来、ニュース初心者向けメディアのはずなのに、自分の興味があるニュースにさくさくアクセスできるネットと違って、新聞はまずその「読み方」から説明しなければならない。何とも皮肉な話です。こうした現状に新聞社としてどう取り組むか。これは深刻な課題です。

ＮＩＥや新聞社による出前授業を充実させ、新聞の読み方を若い人たちにもっと知ってもらうべきなのか。それとも、新聞社が読者のユーザビリティーを上げる努力をすべきなのか。

読売新聞がKODOMO新聞や中高生新聞を創刊したのは後者のアプローチと言えます。ただ、KODOMO新聞→中高生新聞→読売新聞本紙という階段を上っていってもらう上で、現状の〝段差〟が適正なのか、まだまだ検証が必要だと思っています。

ちなみに、読売新聞では、新聞をあまり読んでいない先生方向けのサービスも展開しています。

例えば、出前授業など学校への教育支援の取り組みを展開する読売新聞教育ネットワークが作成している読売ワークシート通信。新聞記事をもとにした記述式のワークシートで、希望する先生方に定期的にメールでお送りしています。授業で使えそうな記事を探したり、新聞を切り抜いて教材化したりする準備の手間も省けるので、大変、好評をいただいているようです。第2章で説明した中高生新聞の「時事王」も同じ狙いで作られています。学校や家庭でぜひ活用していただきたいと思っています。

編集室オススメの新聞活用法① 「学校新聞作り」

取材で学校を訪問すると、よく生徒のみなさんの手作り新聞が壁に掲示されているのを目にします。記者として、新聞に親しんでもらえるのは、すごくありがたいことです。せっかくなので、子ども向け新聞の編集者として、オススメしたい新聞作りの授業を提案させていただきたいと思います。

学校でよく目にするのは、「自分新聞」や「夏休み新聞」、「修学旅行新聞」など、主に自分の体験を写真や文章で紹介する新聞です。宿題や長期休暇の課題として、新聞作りに取り組んでおられるのかと思います。ただ、新聞作りのプロとしては、もう一歩進めて、「学校新聞」、もしくは「地元新聞」など、自分ではなく、回りで起きた出来事を伝える新聞を作ってみたら面白いのではないかと思います。

他人を取材したり、観察したりしたことを「こんな話があるよ！」とさらに他人に伝える作業には学びのポイントがたくさんあるはずです。最初は「どんなことを書けばいいかわからない」という子がたくさん出ると思います。そんなときは、自分が最近、「あれっ？」と気づいたこと、「へぇ〜」っと思ったこと、はないかを尋ねてみてください。クラスに30人児童・生徒がいたら、十人十色の答えが出るはずです。学校新聞で言えば、「校庭の花壇の花が咲いた」と書く子もいるでしょうし、「給食が好き」みたいな子もいるでしょう。少なくとも、みんなが「夏休みには、家族と海に行きました」という新聞がずらりと並ぶことはありません。

実はこれが、「アンテナ」の芽です。自分の身の回りで起きている事柄や変化を観察し、何かを感じること。そして、最初はその「アンテナ」を否定せずに、どんなことでもいいから、そこからあと一歩、気づきを先に進めるサポートを周りがしてあげることが大切です。

例えば、「給食が好き」という食いしん坊の子がいたら、どんなサポートをしてあげればいいのでしょう。給食についての雑談をすればいいと思います。「学校の給食で好きなメニューは何か」みたいな話になれば、こんな疑問が湧いてきそうです。

(A) みんなが好きな/嫌いな給食のメニューって何だろう。
(B) そもそも給食のメニューって、誰がどうやって、決めてるの?
(C) ほかの学校の給食ではどんなメニューが出ているんだろう。

どれもこれも面白そうじゃないですか？　これが外に「アンテナ」を張り、疑問を持つことで「発見」につながるプロセスです。

例えば（A）のような問題意識が生まれれば、クラスのみんなにアンケートを取って、まとめることになります。新聞で言えば、世論調査のようなものでしょうか。（B）（C）であれば、担当者が誰かリサーチした上で、実際にインタビューをしたり、資料をもらったりすることになります。新聞記者がやっている取材活動そのものです。

記者も「ニュース感覚を磨け」とデスクから口を酸っぱくして言われて育ちますが、ニュース感覚は、世の中で起きていることを観察すること抜きには、磨くことはできません。せっかく新聞を作るのですから、ぜひ、自分の回りに目を向けるアンテナを育てるのに活用していただければと思います。

編集室オススメの新聞活用法②　新聞社のデスクに挑戦！

同じ新聞作りでも、より「発信者＝編集者」としての立場を学べる中高生向けのアクティビティーが、１週間のニュースをまとめる「ニュースダイジェスト作り」です。生徒が新聞社のデスクになったオリジナル中高生新聞作りと言ってもいいかもしれません。

これは、過去1週間ぐらいの大人向け新聞を用意して、その中から、記事をピックアップして新聞を作るというもの。ただし、普通にやったのでは、気になる記事を切り抜いて感想を書く、学校の宿題と同じです。大切なのは、「テーマ」を設定した上で、選んだ記事をトップ記事、2番手記事、3番手記事と、新聞のように自分が重要だと思うニュースをレイアウトしてみること。

例えば、「環境問題新聞」なら環境に関する記事を集めてみる。中高生新聞みたいに、年代で絞ってみてもいいかもしれません。国際ニュースやファッション、科学に特化した新聞も面白そうです。

このアクティビティーの良さは、自然と新聞のいろんなページを開いてもらえること。実は新聞には政治、経済、国際、社会といったニュースだけではなく、様々な生活情報、トレンド、趣味にまつわる記事など多種多様な記事が載っています。さらに自分が選んだ記事の中から重要性に順番をつけることによって、それぞれのニュースが持つ意味や狙いも能動的に考えてもらえるようになります。

個々人で作っても十分学びはありますが、グループワークをしてもらうとさらに面白くなります。テーマを決める際はもちろん、ニュースの価値判断についても、価値の衝突が起こるからです。ニュースのとらえ方は人それぞれ。同じ記事を読んでも感じ方が変わることを知ることができます。

実際、中高生新聞編集室では、「もし中高生新聞のニュース面を作るなら」というテーマを設定した上で、編集室を社会科見学に訪れた中高生にこのアクティビティーをやってもらうことがあります。

そうするとどうなるか。中高生が選んでくれた記事を同じ週の実際の中高生新聞と比較してみると、ほとんどセレクションは一致しません。同じ読売新聞をめくっているはずなのに……（笑）。

何度も述べてきましたが、大人目線で面白い、知っておくべき、という話題と中高生が面白い、知っておくべき、という話題は大抵違います。中高生新聞の理想は、半分は中高生が気づかない重要な話題、半分は中高生が共感できる話題、という半分一致ぐらいがちょうどいいバランスではないかと思っています。

編集室のオススメ新聞活用法③ ソースを調べる

ネット世界の情報の洪水でおぼれないために、中高生にオススメなのが「新聞のソース（情報の取材元）を調べる」という学習法です。

新聞記事では基本、その情報は誰によってもたらされたものなのか、明確に示されています。その情報がどのような種類のものなのか——具体的には、公的機関が発表した公式的なデータなのか、個人的な意見なのか、など——を誤解なく読者に伝えるためです。典型的な例でいえば、「○○によると」の部分ですね。

例えば、こちらの記事。新型コロナウイルス感染拡大による景気の落ち込みで、消費者の節約志向が強まっているというニュースの一部（２０２０年10月19日付「読売新聞」〔一部改変〕）ですが、どんな取材に基づいて、記事は作られているでしょう。

> 新型コロナウイルスの感染拡大による景気の落ち込みを受け、消費者の節約志向が強まっている。こうした動きに対応し、小売り各社は幅広い商品の値下げに踏み切っている。値下げ競争が加速すれば、物価が下落し続けるデフレの懸念もある。

◆生活防衛

「コロナで夫が働く飲食店が１か月間休みになり、再開後も手取りは３万円くらい減った。育ち盛りの子どもたちの食費は削れず、やりくりが大変」

東京都中野区で夫と中高生３人の子どもと暮らすパート女性（49）はため息をつく。最近はできるだけ買い物の回数を減らしている。「必要な分だけを買うようにするため、家にある歯ブラシ、シャンプーなどの量を再確認した」という。

内閣府によると、家計で自由に使える所得のうち、貯蓄に回す割合（季節調整値）は２０２０年４～６月期に23・１％と、１～３月期の７・８％から大きく跳ね上がった。比較可能な１９９４年以降で最も高い水準だ。

貯蓄率の上昇は、消費者が「生活防衛」に走っていることの表れだ。○○証券の△△△チーフ・エコノミストは「家電など一部を除けば消費は鈍い。感染の恐怖と先行きの不安が重なり、貯蓄率の高さにつながっている」と指摘する。

◆一律で

小売り各社の戦略も変わり始めた。感染拡大が始まった今春は、店内の混雑を避けるため値引きセールを控えてきたが、最近はお買い得品のチラシも配るようになった。特売日を設定すると密になるため、価格を一律で引き下げるケースも多い。

スーパー大手の××は、9月から生活必需品765品目を平均5・1％、最大で17・7％値下げした。税抜き278円のシャンプー（詰め替え用）を269円に、同598円のインスタントコーヒーを588円にした。値引きしたスナック菓子は「売り上げが以前に比べて2割増えた」（担当者）という。

ホームセンターの●●●●は、日用品から雑貨、食品まで約7200品目を一斉値下げした。2個以上買うと、割引率が大きくなる商品も用意した。面積が広くて混雑しにくい郊外店が多く、売り上げは伸びていたが、値下げに踏み切った。

◆消耗戦

スーパーでは感染拡大後、一定の「巣ごもり消費」を取り込んできたが、商品の値下げが長期化すれば、利益は少なくなる。アクリル板の設置などの感染防止策やインターネット通販への対応など、一定の投資も必要となっている。

値下げ競争で消耗戦に陥れば、採算が悪化する恐れもある。□□□研究所の▲▲▲主任研究員は「景気が悪くなるたびに、値引きの繰り返し。価格だけではなく、魅力的な店づくりが必要だ」と、値下げで対応する戦略には限界があると指摘する。

この記事は、世の中の動きを深掘りする読売新聞朝刊３面の「スキャナー」というコーナーから拝借したものです。文字数は４００字詰め原稿用紙３枚弱ですが、１本の新聞記事を作るのに、記者がいかにたくさんの人に取材しているか、よく分かると思い、例として紹介しました。

さて、この短い記事の中に、取材先（情報の出元）はどれだけあるでしょう？「パート女性」「内閣府」「証券会社のチーフ・エコノミスト」「大手スーパー」「ホームセンター」「研究所の主任研究員」。この記事は少なくとも６か所に聞いた情報をもとにできています。

それぞれの取材先が持つ意味を考えてみると、

・「内閣府」は貯蓄率が上がっているという客観的なデータの出所
・「パート女性」「大手スーパー」「ホームセンター」は具体的な実例
・「チーフ・エコノミスト」は貯蓄率が上がっている原因の分析
・「主任研究員」は小売店が値下げ競争に踏み切ることによる将来的な影響の分析

となるでしょうか。実際の記事では伏せ字部分はそれぞれ実名で書かれており、どこの誰に取材をしたかも明確に示されています。

ニュース記事を読んでいると、どうしても内容ばかりに目がいきがちです。しかし、こうして、この情報は誰に取材したものなのか、を意識してニュースを読むだけで、その情報がどれほど根拠があるものなのか、かなりの精度で判別できるようになるはずです。こうした訓練は、ネット上に流れている情報の信憑性を判断する上でもきっと役立つはずで、今回の例を参考に、メディアが発信するニュースを、情報元を意識して、分析してみてほしいと思います。

ちなみに、新聞記事に載っているグラフの出典元に注目するのもオススメです。こちらは大抵、グラフの脇や下に書いてあるので、グラフごとスクラップしておけば、どのような省庁、機関がどのようなデータを出しているか、分かるようになります。先生方からすれば、教材を作る際の元ネタになるでしょうし、学生のみなさんから見れば、小論文やリポートのネタになるはずです。

編集室のオススメ新聞活用法④

社説の読み比べ

以前、若い先生向けに新聞の活用法について講演をした際、こんな感想が寄せられ、ちょっとショックを受けました。

「新聞は偏向しており、子どもたちに読ませたくない」

う〜ん。何をもって「偏向」というかは微妙ですが、多分、この先生は新聞社の「言論機関」としての役割について、そう感じておられるのかな、と思います。

新聞は世の中の動きを伝える「報道機関」であると同時に、社会に対して、意見を発信していく「言論機関」でもあります。言論の象徴的な存在は「社説」ですが、世の中で賛否が分かれる問題について、自分たちの考え方を、紙面を通じて発信していくわけですから、当然、その主張についての賛否も生まれます。主張が自分の意見と異なっていれば、「間違っている」「偏向している」と感じる気持ちも分からないではありません。ただ、それをもって、そのほかの記事もすべて偏っている、と考えるのは行きすぎだし、逆に、新聞社の主張を「絶対に正しい」と妄信するのもどうかと思います。

大切なのは、多様な意見に触れること。世の中で賛否が分かれるような問題が起きたときには、ぜひ図書館などで各社の社説を読み比べてみてほしいです。各社の違いをまとめておけば、その問題の論点を整理することはできますし、さらりと読んで、自分がどの意見に共感するかを考えるだけでも十分だと思います。

おわりに

２０１１年３月のＫＯＤＯＭＯ新聞の創刊時、特別協力する小学館の編集者に「どうやったらこんなに面白い紙面を作れるのですか？」と聞いたことがあります。今思えば、ぶしつけな質問だったと思うのですが、その編集者はとても真面目な顔で「読者からのお便りですよ。目をこらして読んでいると、企画のヒントは生まれてきます」と教えてくれました。

なんだ、当たり前の話ではないか。そう思う人は多いでしょう。しかし、新聞制作の現場では、読者の声をそうやって聞くことがほとんどありませんでした。もちろん書いた記事に対する激励や反論のお手紙をいただくことはあり、それが大きな励みになったことはあります。でも、恥ずかしながら、読者の声から何か新しい企画を生み出すという発想を持ったことはなかったのです。

思えば、「気づき」はその時から始まったのかもしれません。とにかく、暇さえあれば、子どもたちから送られてくるはがきに目を通すようになりました。「○○を知りたい」「△△を特集してほしい」。読者の好奇心はとても旺盛です。「ついに、新聞でまちがいを見つけました！」と、ルビの間違いを指摘してくれたはがきには苦笑するしかなかったですが、とにかく、子どもたちが今、新聞のどういうところを読み、どういうところを読んでいないかは分かるようになりました。

それが分かれば、やることは決まってきます。子どもたちが読めている部分はそのままに、読めていない部分は改良していくだけです。今回、本書で述べた方法論の中には、こうした読者との対話の中の「気づき」で生まれたものが少なくありません。

これは中高生新聞でも変わりません。第1章でも紹介した「みんなの編集会議」には、たくさんの中高生が参加し、紙面に対して忌憚のない意見を寄せてくれました。そこでの「気づき」は今の紙面に十分に生かされています。

「気づき」のアンテナをどれだけ高くしておけるか。両紙の将来は、そこに集約されるのだと思います。

1月、悲しいニュースが飛び込んできました。

1月6日、アメリカの首都ワシントンD.C.で、連邦議会議事堂にトランプ大統領（当時）の支持者たちが乱入、議事堂を一時占拠したのです。まるで映画の中のような出来事に、言葉を失うしかありませんでした。

事件は民主主義の国・アメリカの根底を揺るがしただけではなく、私たち新聞人にも大きな失望を与えました。「11月の大統領選挙で不正があった」。支持者たちの主張は、新聞が「選挙結果をくつがえすだけの不正は見つからなかった」といくら報じても何も変わらなかったからです。

根拠もなく、自分に都合のいい情報を信じる現象は、SNSの発展で歯止めが効かなくなっています。自分の知りたい情報に囲まれた環境に身に置くことで、否定材料が目に入らなくなり、偏った情報だけを信じてしまう。これは、極めて危険な状況です。

インターネットメディアが登場し、「新聞は古いメディアだ」と言われるようになりました。しかし、本当にそうなのでしょうか。

私たちはそうは思っていません。なぜなら、両者は使われ方が違うからです。ネットは、自分の好きなこと、興味のあることを調べるにはもってこいの世界です。同じ趣味を持つ人、同じ主張を持っている人が瞬時につながることも可能です。コミュニティーを作るという側面では、新聞はネットにかなうはずもありません。でも、新聞は「興味がなかったことを知ることのできる」メディアです。

その最たるものが「ニュース」です。政治、経済、社会、科学、文化、スポーツ……。

紙面には、ありとあらゆるジャンルのニュースが所狭しと詰め込まれています。自分のこれまでの経験や趣向とは関係のない、新しい世界を知るチャンスが転がっているのです。そうです、これも「気づき」なのです。

ＫＯＤＯＭＯ新聞と中高生新聞は、そんな新聞の良さを子どもたちに少しでも知ってもらえればという目的で創刊された新聞です。子どもたちが新聞を読むことで社会や他人のことに「気づき」、私たちが思いもつかないような新しい世界を作ってくれるかもしれない。編集室の記者たちはそんな思いで新聞製作に携わっています。

今回のような悲劇が二度と起こらないように。

２０２１年１月

新庄　秀規

新庄秀規

1974年大阪府生まれ。北海道大学法学部卒。97年読売新聞東京本社入社。初任地は富山支局。2003年に東京本社社会部に配属。警視庁捜査２課担当、遊軍などの後、10年から読売KODOMO新聞創刊プロジェクトを担当。その後、読売KODOMO新聞、読売中高生新聞編集室、東京都庁クラブキャップなどを経て、17年に読売KODOMO新聞編集長に。

藤山純久

1976年山口県生まれ。上智大学法学部卒。2001年読売新聞東京本社入社。初任地は新潟支局。07年に東京本社社会部に配属。警視庁捜査１課担当などの後、10年から読売KODOMO新聞創刊プロジェクトを担当。13年からは読売中高生新聞創刊プロジェクトに参加。以後、20年3月まで読売中高生新聞の編集を担当する。

本書は書き下ろしです。

写真提供　読売新聞社

装幀・本文デザイン　山影麻奈

伝《つた》える技術《ぎじゅつ》はこうみがけ！
――読売《よみうり》KODOMO新聞《しんぶん》・読売中高生新聞《よみうりちゅうこうせいしんぶん》の現場《げんば》から

2021年3月10日　初版発行

著　者　新庄《しんじょう》秀規《ひでき》
　　　　藤山《ふじやま》純久《よしひさ》

発行者　松田陽三

発行所　中央公論新社
〒100-8152　東京都千代田区大手町1-7-1
電話　販売　03-5299-1730　編集　03-5299-1740
URL http://www.chuko.co.jp/

DTP　ハンズ・ミケ
印　刷　図書印刷
製　本　大口製本印刷

Published by CHUOKORON-SHINSHA, INC.
Printed in Japan　ISBN978-4-12-005409-9 C0095